KB115187

아침
1시간 노트

인생을 바꾸는 시간 전략

야마모토 노리아키Yamamoto Noriaki 지음
서수지 옮김

아침 1 시간 노트

지금으로부터
15년 전,

나는
길을 가다
흔히 마주치는
평범한 회사원이었다.

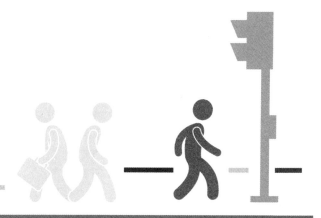

아침에는 아슬아슬하게
출근 시간에 맞춰 출근했고,
밤에는 밥 먹듯 야근을 했다.

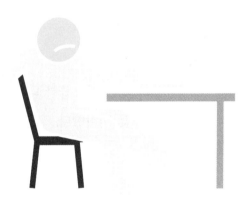

일에 대한 의욕도 낮아
하루하루가
따분하고
고통스러웠다.

어느 날 문득
미래에 대한
막연한 불안감에 사로잡힌 나는
자격증 공부를 시작했다.

하지만

타고난 게으름뱅이 근성을 버리지 못해

줄줄이 미끄러졌고,

응시하는 시험마다

불합격 통지서를 받아야 했다.

그러던 어느 날,

내 인생에 반전이 일어났다.

나는 이른바 '아침형 인간'으로 다시 태어나

'아침 시간'을 적극 활용하게 되었다.

매일 칼 퇴근을 하면서도

업무 효율은 향상되었고,

자유 시간이 늘어났을 뿐 아니라

시험에도 합격했다!

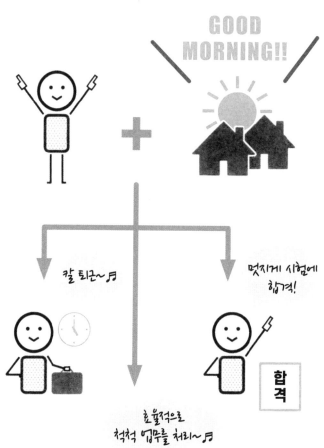

GOOD MORNING!!

칼 퇴근~♪

멋지게 시험에
합격!

합격

효율적으로
척척 업무를 처리~♪

SMOOTH JOB

나는 당시 다니고 있던 회사에
사표를 냈고,
작지만 나만의 사무실을 가진
세무사로 독립했다.

그래,
해보는 거야!

나만의 사무실

수고하셨습니다!

연봉 3배!

Nice...

여유만만

게다가 월급쟁이 시절의
3배에 해당하는
연봉을 벌면서
자유롭게 쓸 수 있는
시간도 늘어났다.

지금의 내 생활이 가능한 이유는 딱 하나,
바로 '아침'이라는 자원을
효과적으로 활용했기 때문이다.
지극히 평범했던 나도 할 수 있었던
'아침 활용'!

할 수 있다!!

GO!!!

부디 이 책이
누군가의 인생을 바꿀
실마리가 되기를
소망한다!

여러분이 손에 든 이 책의 세목은 《아침 1시간 노트》이다.

> "아침 시간을 활용하려고 해도 막상 떠오르는 일이
> 없어 막막해요."
> "파김치가 되도록 야근을 하느라 매일 아침이 괴로
> 워요."
> "이제 그만 야행성 생활을 청산하고 아침형 인간으
> 로 다시 태어나고 싶어요."

"어쩌다 일찍 일어날 수는 있어도 매일 일찍 일어나는 건 힘에 부치네요. 뭔가 좋은 방법이 없을까요?"

나는 여러분의 이 모든 의문에 대한 구체적인 실천 방법을 이 책에서 소개하고자 한다.

- 연봉이 두 배로 올랐다. (5천만 원 → 1억 원)
- 세무사 시험에 합격해 개인 사무실을 내고 독립했다.
- 시간을 효과적으로 활용해 전반적인 생활이 충실해졌다.

지극히 평범한 직장인이었던 내가 위와 같은 성공을 거둔 까닭은 '아침' 시간을 효과적으로 활용했기 때문이다. 성공의 비결이 고작 아침 시간 활용이라니, 나의 대답에 고개를 갸웃거리며 의심의 눈초리를 보낼 여러분의 모습이 눈에 선하다.

"뱁새가 황새를 따라 하다가는 가랑이가 찢어진다
잖아. 다 잘난 사람들 이야기지."
"어차피 평범한 사람은 흉내도 못 낼 피나는 노력
을 했겠지. 그러고는 공부가 제일 쉬웠다고 하면
서 말이야."

이렇게 말하는 여러분의 마음은 나도 잘 알고 있
다. 하지만 나는 천재와는 거리가 먼 인간이다. 다만 누
구에게나 주어진 '아침'이라는 귀중한 자원을 활용했을
따름이다. 핵심은 아침을 '활용하는 방법'에 있다. 나는
이 책을 통해 인생을 바꿀 실마리를 얻게 되리라고 확
신한다.

이 책에서는 꿈과 목표를 이루기 위한 '아침 1시간
노트'를 작성하는 방법과 활용법을 소개하려 한다. '아
침 1시간 노트'란 쉽게 말해 꿈과 목표를 이루어주는
도구라고 할 수 있다. '노트'라는 거창한 말을 붙였지만
방법은 지극히 간단하다.

1. 꿈과 목표를 이루기 위해 해야 할 일을 적는다.
2. '아침 1시간'을 활용해 실천하고 꾸준히 지속한다.

"에게, 정말로 그게 다예요?"

나름대로는 비법이라고 공개했건만 진짜 비법을 내놓으라는 볼멘소리가 들려오는 듯하다. 하지만 정말로 그게 전부다. 나는 '아침 1시간 노트'로 평범한 직장인 생활에서 탈출해 인생을 변화시킬 수 있었다. 물론 단순히 일찍 일어나기만 해서는 아무 소용이 없다. 나역시 '아침 1시간 노트'를 완성하고 아침 시간을 효과적으로 활용하기까지 무수한 시행착오를 거쳐야 했다.

'아침'이라는 누구에게도 방해받지 않는 시간에 '1시간'이라는 제한을 두어 꾸준히 실천한다.

내가 겪은 무수한 시행착오의 결과가 이 두 줄의 문장으로 요약된다. 나는 이 방법론을 응용해 '아침 시간을 활용하여 자격증 시험에 합격하자'는 목적에 특화시킨 책을 쓰기도 했다.

시작이 반이다!

어떤 일을 시작하기에 너무 늦은 시기는 없다. '아침 1시간'이라는 시간을 의미 있게 이용하면 여러분의 인생도 술술 풀리게 되리라 확신한다.

여기까지 읽어주신 독자 여러분께 고개 숙여 감사드린다. 자, 이제부터 여러분의 인생을 바꿀 첫걸음을 떼어보자.

4장

아침형
인간으로
거듭나는
9가지
필승 전략

1장

하루하루의
실천이
인생을
바꾼다

티끌 모아 태산!
작은 실천이 쌓여 인생을 바꾼다

메이저 리그 '시애틀 매리너스'에서 멋진 활약을 펼치는 이치로 선수의 어록을 소개한 책에 이런 구절이 실려 있다.

"하루하루 쌓아가는 작은 실천이 나를 상상도 하지 못했던 멋진 곳으로 이끄는 단 한 줄기 길이었다고 믿는다."

처음 이 말을 보았을 때는 말속에 담긴 깊은 뜻을 깨닫지 못해 시큰둥하게 넘기고 말았다. 하지만 차츰 참뜻을 깨닫게 되며 말 한마디에 이렇게나 깊은 의미를 담을 수 있다는 사실에 새삼 감탄하게 되었다. 이치로 선수의 말이 왜 대단한지 이제부터 차근차근 알아보기로 하자.

작은 노력의 중요성

먼저 '하루하루 쌓아가는 작은 실천'이라는 말을 살펴보자. 핵심은 '작은'에 있다. 하루하루의 생활에서 '작은 일'은 수없이 일어난다. 우리의 하루는 이루 헤아릴 수 없는 작은 일들의 연속이다. 예를 들면 다음과 같다.

- 일찍 일어나기
- 식사 후에 양치질하기
- 매일 조금씩 책 읽기
- 매일 지각하지 않고 출근하기

하나하나 살펴보면 대수롭지 않은 사소한 일상이다. 예를 들어 양치질하는 것을 살펴보자. 평소에 밥을 먹고 나면 습관처럼 당연하게 이를 닦는다. 초등학생인 아들조차도 밥을 먹고 나면 쪼르르 이를 닦으러 달려갈 정도다.

그런데 이 닦기를 게을리하면 어떻게 될까? 백이면 백 충치가 생겨 치과 신세를 지게 될 것이다. 내가 바로 그 산증인이다. 나는 잠자기 전에 깜빡하고 이를 닦지 않고 자는 날이 많았던 탓에 지금 대가를 톡톡히 치르고 있다. 하나둘 늘어난 충치 때문에 요즘에는 매주 치과에 출근 도장을 찍을 정도로 들락날락거리며 새삼 사소한 습관의 중요성을 깨닫고 있다.

반대로 '매일 한 시간 일찍 일어나기'를 꾸준히 실천할 수 있다면 어떨까? 한 달이면 하루, 1년이면 2주의 시간을 덤으로 얻을 수 있다.

이쯤 설명하면 어마어마한 노력을 필요로 하지 않는 하루하루의 실천, 즉 '작은 노력'의 중요성을 어느 정도는 이해했으리라 믿는다.

다시 이치로 선수의 명언으로 돌아가 보자. 이제 '나를 상상도 하지 못했던 멋진 곳으로 이끄는 단 한 줄기 길' 이라는 부분에 대해 생각해볼 차례다.

먼저 '상상도 하지 못했던 멋진 곳'이라는 표현은 메이저 리그라는 큰 무대에서 맹활약을 펼치는 이치로 선수에게나 해당하는 이야기이므로 평범한 우리네 일상어로 바꾸면 '목표 설정' 정도가 적당하겠다.

목표는 사람마다 제각기 다르다. '부자가 되어 유유자적 삶을 즐기고 싶다'는 목표를 가진 사람도 있을 터이고, '온갖 상과 칭찬을 휩쓸고 싶다'는 목표를 가진 사람도 있으리라. 어쨌든 자신만의 '상상도 하지 못했던 멋진 곳'을 자유롭게 떠올리기만 해도 충분하다.

마지막으로 '단 한 줄기 길'이라는 구절을 살펴보자. 사실 이 부분이 가장 눈여겨봐야 할 핵심이다. '단한 줄기'라는 말은 요컨대 이 길밖에 없다는 뜻이다.

상상도 하지 못했던 멋진 곳으로 가려면 한 줄기뿐인 길, 즉 외길을 지나야 한다. 그 길이 바로 '하루하루 쌓아가는 작은 실천'인 셈이다.

'인생의 지름길'을 발견해도 의미는 없다

지금은 메이저 리그에서 실력을 인정받는 이치로 선수지만, 그라고 해서 하루아침에 최고의 기량을 가진 선수가 되었던 건 아니다. 1994년 210번째 안타 기록을 달성하고도 그는 '작은 실천'을 멈추지 않았다. 만약 이치로 선수가 거기서 멈추었더라면 메이저 리그에서 활약할 수 있었을까? 그는 신기록을 달성한 후에도 꾸준히 노력했다. 200번이 넘는 안타를 치고도 노력을 멈추지 않았기에 지금도 현역에서 멋진 활약을 펼치고 있는 것이다.

우리의 인생도 마찬가지다. 노력 없는 성공이란 없다. 소가 뒷걸음치다 쥐 잡는 격으로 어쩌다 큰돈을 벌

수는 있다. 하지만 노력을 멈추면 거기서 끝이다. 우연은 계속되지 않는 법이다. 자신을 성장시키고 인생을 충실하게 하는 노력이 뒤따라야만 한다.

인생의 지름길을 찾아 운 좋게 성공했다손 치더라도 그 성공은 우연에 지나지 않는다. 또한 돈을 버는 게 능사는 아니다. 사회에 공헌하거나, 스트레스에서 해방되어 삶을 즐기는 편이 경제적 성공보다 중요하다. 하루하루 쌓은 노력이 지층처럼 켜켜이 쌓여 우리의 몸과 마음을 만들어가기 때문이다.

 Morning Point

**하루하루 쌓아가는 작은 노력이야말로
성공으로 가는 지름길이다.**

하루하루의 실천으로   인생은 변할 수 있다!

하루 1시간 일찍 일어나기

 1년 후

약 2주의
여유 시간을 얻게 됨!

1년 후

하루 1권의 독서

365권 독파!

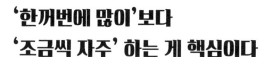

'한꺼번에 많이'보다
'조금씩 자주' 하는 게 핵심이다

나는 지역 어린이 야구단의 감독을 맡아 주말에는 온종일 아이들과 공을 차며 시간을 보낸다. 평일에는 아이들도 학교에 가야 해서 기본적으로 연습할 시간은 주말밖에 없다. 주말에만 짬을 내어 야구 연습을 하다 보니 지난주에 배운 기술을 잊어버리거나 지난주에는 잘만 치던 공을 잘 치지 못하는 경우가 허다하다.

　물론 스펀지처럼 지식을 흡수하는 나이 때의 아이

들이기에 주말 연습만으로도 상당한 수준에 도달한다. 그래도 부족한 부분이 생기게 마련인지라 나는 아이들에게 '매일 조금씩이라도 좋으니 집에서도 야구 연습을 하라'고 입버릇처럼 말한다. 매일 착실하게 연습을 해온 아이들의 실력은 주말에만 반짝 야구를 하는 아이들과 한눈에 차이가 난다. 굳이 부모님께 물어볼 필요도 없이 야구를 하는 모습만 보고도 연습량을 알아맞힐 수 있을 정도다.

성인들도 마찬가지다. 예를 들어 이메일 매거진이나 블로그를 매일 업데이트하는 사람이 있다고 가정해보자. A는 하루도 빠짐없이 짧은 글이라도 다른 사람에게 도움이 되는 내용을 이메일 매거진으로 발행한다. 반면 B는 일주일에 한 번 탄탄한 내용의 장문의 이메일 매거진을 발행한다. 쓸 만한 정보는 B의 메일에 더 많겠지만, 그렇다고 일주일에 한 번 오는 B의 메일이 매일 오는 A의 메일보다 '7배' 이상 유용하다고 속단하는 것은 금물이다.

지나치게 정보가 많은 문서는 읽는 데 상당한 시간

이 걸린다. 매일 조금씩 시간을 들여 읽는 편이 방대한 분량의 문서를 한꺼번에 읽을 때보다 스트레스가 적어 집중도 잘되고 머릿속에 쏙쏙 들어오는 법이다.

아슬아슬하게 마감을 맞추는 습관을 버리자

자, 이번에는 마감에 맞추어 제출해야 하는 어려운 과제가 있다고 상상해보자.

내가 듣는 비즈니스 강좌에서는 매일 상당한 분량의 과제를 부여한다. 분량뿐 아니라 과제의 난이도가 보통이 아니어서 '아이고' 소리가 절로 나올 정도다. 한 페이지 앞의 내용도 가물가물할 만큼 어려운 책을 읽어야 하는 까닭이다.

나는 수강 초기에는 도무지 마음을 잡지 못해 꾸물꾸물 미루다가 수업 이틀 전에야 부랴부랴 벼락치기로 책을 읽곤 했다. 발등에 불이 떨어지고 나서야 책을 손에 잡다 보니 책 내용이 좀처럼 머릿속에 들어오지 않았다. 결국 내용을 전혀 이해하지도 못한 채 수업에 참석해 멍하니 시간만 때우고 돌아오기 일쑤였다.

그러다 어느 날을 기점으로 '조금씩 매일 읽는 스타일'로 습관을 바꾸었다. 미루는 습관이 사라지자 차츰 책의 내용을 이해할 수 있게 되었고 기억에 남는 부분도 이전보다 훨씬 많아졌다.

'이만큼의 일을 앞으로 며칠 안에 해내자'고 각오를 다지며 일에 집중하는 방법도 나쁘지는 않다. 하지만 '매일 조금씩 하면 언젠가는 끝이 난다'고 생각하면 마음이 홀가분해져 매사가 술술 풀리게 될 것이다.

🖊 Morning Point

무슨 일이든
매일 조금씩 하는 습관을 기르자.

'한꺼번에 왕창'보다는   '매일 조금씩'

[–_– 한꺼번에 몰아서 하면]

머릿속에 남는 게 없다

[매일 조금씩 하면]

3일간은
이 책   4일째부터는
이 책

확실히 자신의 것으로
만들 수 있다

목표가 있기에
인생이 즐거워진다

여러분의 '목표'는 무엇인가? 나는 크고 작은 모든 일에 항상 목표를 설정하고, 그 목표를 달성하기 위해 노력하며 하루하루를 열심히 살자고 다짐하곤 한다. 내가 생각하는 목표란, '비록 달성하기는 어렵지만 결코 불가능하지 않은 커다란 꿈'이다. 별로 힘들이지 않고 달성할 수 있는 쉬운 목표는 달성할 때마다 번번이 또 다른 목표를 설정해야 하는 까닭에 하루하루의 생활을 다잡는 길라잡이로서 적합하지 않다. 따라서 매일 꾸준히 노력하고 이런저런 지혜를 짜내 가까스로 달성할 수 있는 일이 바람직한 목표다.

이상적인 목표는 달성한 순간의 기쁨과 더불어 우리 삶에 깨달음을 가져다준다. 목표를 세우고 달성하기 위한 노력을 반복하는 과정에서 우리의 인생은 알차게 여물고 변화의 폭도 커진다. 여기서 말하는 이상적인 목표는 '매일 꾸준히 하면 어떻게든 달성할 수 있는 수준의 일'이다. 모름지기 목표란 하루아침에 달성할 수 있는 성질의 것이 아니며, 바로 달성할 수 있는 일은 애초에 '목표'라고 부를 수 없다.

이치로 선수와 함께 메이저 리그에서 멋진 활약을 선보인 마쓰자카 다이스케 선수는 '목표가 하루하루를 지배한다'는 말을 가장 좋아하는 말로 꼽는다. 이것은 요코하마 고등학교 야구부의 와타나베 감독(전국 우승을 5회나 달성한 명감독)이 했던 말로, '큰 목표를 세우면 그 목표를 달성하기 위한 하루하루의 행동이 결정된다'는 뜻으로 해석할 수 있다. 또는 '커다란 목표를 달성하기

위한 유일한 방법은 하루하루의 노력밖에 없다'는 말로
도 바꿀 수 있다.

　당신에게는 '목표'가 있는가? 만약 목표가 있다면
이 책에서 소개하는 '아침 1시간 노트'로 그 목표를 달
성하기 바란다. 목표가 없다면 이 책의 3장에서 소개하
는 목표 설정 방법을 참고해 목표를 세워보기 바란다.

✐ Morning Point

'목표'야말로
충실한 인생으로 가는 지름길이다.

'목표'가 있어야 인생이 즐거워진다

자신만의 목표(꿈)는
하루하루 생활에 활력소와 즐거움이 되어준다

당신을 망치는
'조급증'과 '성공병'

당신이 곧 창업을 앞두고 있다고 상상해보자. 나는 세무사라는 직업 덕분에 창업을 하는 다양한 이들을 접할 기회가 많은데, 그들을 가까이에서 지켜보며 비즈니스를 성공시키는 2가지 행동 유형이 있음을 알게 되었다.

비즈니스에는
'농경형'과 '수렵형'이 있다

'농경형'은 차근차근 기초를 다져 몇 년 뒤에 꽃을 피우는 유형이다. 반면 '수렵형'은 초반부터 공격적으로 고객 확보에 나서 순식간에 매출을 올리는 유형이다.

'농경형'은 착실하게 초기 투자를 한 다음 고객 확보에 나선다. 그래서 고객을 확보하기까지 시간이 걸리지만 일단 고객이 늘어나기 시작하면 사업이 안정되며 경영에 숨통이 트인다. 예를 들어 내 직업인 세무사는 전형적인 농경형 비즈니스에 속한다.

'수렵형'은 단숨에 고객을 끌어들여 매출을 올리는 사업으로, 짧은 시간에 매출을 올릴 수 있어 한꺼번에 큰돈을 벌어들이는 게 가능하다.

이 두 유형 중 어느 한쪽이 더 낫다고 단정할 수는 없다. 그저 각자 자신에게 맞는 유형에 따라 비즈니스를 전개해가면 그만인 것이다.

　　자신의 사업을 운영하는 경영자는 대체로 수렵형
이다. 그런데 비즈니스맨 중에도 경영자처럼 생각하는
사람이 의외로 많다. 그런 사람의 머릿속은 빨리빨리
매출을 올려 사업을 확장시키겠다는 생각으로 가득하
다. 물론 일이 잘 풀리면 눈 깜짝할 사이에 거액의 매출
을 올릴 수도 있다. 그러나 일시적으로는 큰돈을 벌어
들여도 어느 정도 시간이 지나면 현상 유시조차 버거워
지는 경우가 대부분이다.

　　또 원래는 '농경형'으로 착실하게 사업을 꾸려가
던 경영자가 한탕을 노리다 보니 조급증이 발동해 '수
렵형'으로 돌아서는 경우도 적지 않다. 반대로 급할수
록 돌아가라는 말을 잘 아는 경영자는 의식적으로 천
천히 사업을 진행해 안정된 비즈니스 모델을 구축한
다. 회계에 비유해 설명하자면 단기 손익을 나타내는
PL(손익계산표)보다 BS(대차대조표)에 중점을 두는 회사

가 장기적인 관점에서 탄탄한 경영 기반을 마련한다고
할 수 있다.

새로운 일을 시작할 때의
주의점

나도 새로운 일을 시작하는 첫해에는 조바심을 내지 말
고 일단 기초를 닦는 데 주력하자고 스스로를 타이른
다. 새로운 사업을 시작할 때는 초기 투자 비용에다 별
도의 운용비까지 발생하다 보니 아무래도 조급증에 불
이 붙기 마련이다.

　　장기적인 관점에서 보면 사업을 시작한 뒤 1년 정
도는 수업료를 지불한다는 생각으로 꾸준히 투자하는
회사가 몇 년 후에도 안정적인 경영 상태를 유지할 가
능성이 높다. 비단 비즈니스뿐 아니라 무슨 일이든 '한
탕주의'를 버리고 차근차근 기초를 닦은 다음 서서히
속도를 높여야 성공 가도에 오를 확률이 높다.

　　단숨에 역전하겠다는 생각은 스포츠의 세계에서나

통용되는 사고방식이다. 무엇이든 새로운 일을 시작할 때는 탄탄한 기초를 닦는 데 최선을 다해야 함을 잊지 말아야 할 것이다.

✏ Morning Point

비즈니스는 '농경형 사고'로 추진하자.

'수렵형 사고'보다 '농경형 사고'를 가지자

[-_- 수렵형 사고]

매출 상승을
최우선 과제로 삼고 사업 규모를
단숨에 확대시키고자 한다

△ 안정성이 낮다
△ 장기적인 관점이 부족하다

[^_^ 농경형 사고]

꾸준히 투자해서
서서히 사업을 키운다

○ 안정성이 높다
○ 기본이 탄탄하다

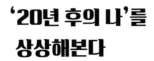

'20년 후의 나'를
상상해본다

나는 세상의 유혹에 쉽사리 흔들리지 않는다는 불혹不惑
을 지나 떨어지는 낙엽도 조심해야 한다는 남자의 '액
년'인 마흔두 살을 목전에 두고 있다. 그리고 앞으로 20
년이 지나면 예순을 훌쩍 넘긴 나이가 될 터이고, 그로
부터 10년이 흐르면 여든을 바라본다고 해서 '망팔望八'
이라 부르는 일흔한 살이 될 터이다.

일흔한 살이 되었을 때 나는 무슨 일을 하고 있을까? 또 세상은 어떻게 돌아갈까? 지금으로서는 전혀 상상이 가지 않지만 일흔한 살에도 팔팔하게 현역으로 일하면서 취미 생활까지 야무지게 챙기며 살기를 희망해본다.

70대가 되어도 일선에서 물러나지 않고 활발하게 활동하려면 무엇보다 몸과 마음의 건강이 중요하다. 그런 이유로 현재 내 삶의 화두는 건강 유지이다. 가능한 스트레스를 줄이고 식생활도 신경 쓰고 적당한 운동도 잊지 않겠다고 다짐하며 하루하루를 살아간다.

일을 할 때도 마찬가지다. 한 치 앞보다는 먼 미래에 투자한다는 생각으로 행동하기 위해 노력한다.

'지금'만 생각하면 만사가 편하지만, 미래를 생각한다면 반드시 해야 할 일이 있다

현재에 충실한 삶도 중요하지만, 앞을 내다보고 미래를

위해 지금 해야 할 일을 찾아 꾸준히 노력하겠다는 마음가짐도 중요하다.

현재를 어떻게 보내느냐에 따라 20년 후, 30년 후의 삶이 결정되기 때문이다. 일을 할 때는 눈앞의 돈벌이에만 급급하고, 연일 이어지는 폭음과 폭식, 과도한 스트레스를 다스리지 않고 방만한 생활을 한다면 미래에 그에 대한 호된 대가를 치르게 될 것이다.

'지식'과 '돈'도
차곡차곡 쌓아야 한다

'지식'이나 '돈'도 마찬가지다. 돈을 예로 들어 설명하자면, 예순 살까지 얼마를 모으겠다는 목표를 세웠다면 지금부터 매년 한 푼, 두 푼 저축해야 하는 것은 기본이다. 베짱이처럼 세월을 보내다 예순 살 생일에 빵빵한 통장을 선물 받는 꿈 같은 이야기는 현실에서는 결코 일어나지 않는 법이다.

돈을 모으는 데 저축이 최고라면 머릿속의 곳간에

'지식'을 쌓는 방법으로는 '독서'만 한 것이 없다. 매일 야금야금 책을 읽어두면 차곡차곡 삶에 보탬이 되어 인생 이모작도 결코 불가능한 꿈이 아니다.

'지금'만 생각하고 살면 만사가 편하다. 하지만 20년, 30년 후를 생각하며 살면 미래 역시 편안해진다. 당신이 미래에 어떤 모습으로 살고 싶은지를 생각한 다음 그 목표를 이루기 위해 오늘 할 수 있는 일을 구체적으로 설정하자.

 Morning Point

20년 후의 자신의 모습을 예측해
'지금' 해야 할 일을 결정하자.

'20년 후의 내 모습' 예측해보기

[−_− 한 치 앞을 내다보지 못하고 하루하루 사는 데 급급하다]

[^⌣^ '20년 후의 내 모습' 예측해보기]

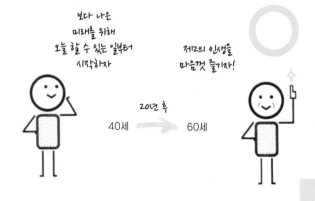

이제 할 수 있다!
3단계 '습관화'

"오늘부터 정신 바짝 차리고 열심히 살아보자!"

두 주먹을 불끈 쥐고 기세등등하게 각오를 다져보지만 사흘을 채 넘기지 못하고 중도 포기했던 경험이 누구에게나 있을 것이다. 지난 내 삶 역시 '작심삼일'의 무한 반복과 다름없었다.

어떤 일을 매일 꾸준히 하기 위해서는 어마어마한 의지력이 필요하지만 중도 포기는 식은 죽 먹기보다 쉽다. 따라서 무언가를 꾸준히 계속하기 위해서는 하루하루 몸과 마음을 다잡는 것이 필수다.

　새로운 습관을 만든다는 것은 결코 녹록지 않은 일이다. 그렇다고 해서 시도해보지도 않고 지레 겁먹고 포기해버린다면 스스로의 삶에 책임감을 지지 않겠다는 것과 다름없다. 습관을 들이기 위한 첫 발짝을 떼는 것이 산 하나를 통째로 옮기는 것만큼 힘들지라도 한 발 한 발 내딛다 보면 시나브로 익숙해지게 마련이다. 그러다 하루라도 그 일을 하지 않으면 입 안에 가시가 돋을 만큼 습관으로 사리 잡는 날이 찾아올 것이다. 우직함 속에 바로 습관의 비결이 숨어 있다.

　나는 다음의 3단계를 바탕으로 습관을 들이는 데 성공했다.

① 무슨 일이든 일단 시작하고 본다.
② 도중에 모든 걸 내던지고 싶은 순간이 오더라도 '힘내자!'고 자신을 격려하며 계속한다.
③ 어느 시기를 기점으로 특별히 의식하지 않아도

자연스럽게 그 일을 하고 있는 자신을 발견하게 된다.

세 번째 단계가 바로 '습관화'가 이루어진 상태다. 두 번째 단계에서 포기하는 사람이 압도적으로 많지만, 어떻게든 자신을 다독이며 꾸준히 계속하다 보면 반드시 습관으로 자리 잡는다!

습관화하기
쉬운 일과 어려운 일

습관으로 자리 잡는 데 걸리는 시간은 일의 종류와 성격에 따라 다르다. 예를 들어 나는 '일찍 일어나기'를 습관화하는 데 일주일밖에 걸리지 않았다.

블로그 관리하기의 경우 경험상 2주가량 꾸준히 글을 올리면 서서히 댓글이 달리며 사람들의 반응을 확인할 수 있어 서서히 습관으로 굳어진다.

반면 엄격하게 식사를 제한해야 하는 다이어트는

훨씬 힘이 들어 한 달이 지나도 습관으로 자리 잡지 못하는 경우도 있다.

무슨 일이든 습관으로 자리 잡을 때까지는 어느 정도의 기간이 소요된다. 끈기를 가지고 습관으로 자리 잡을 때까지 밀고 나가면 결국 습관으로 굳어지고, 그다음은 그저 습관에 몸을 맡길 따름이다.

이 책에서는 아침 1시간을 활용해 몇 가지 습관을 만들어 매일 반복하는 방식을 추천한다. 한꺼번에 여러 가지 습관을 만들기는 어렵다. 그러므로 한 가지씩 차근차근 습관을 만들어 나가야 한다.

예컨대 이번 주에는 매일 일기를 쓰고, 일기 쓰기가 습관으로 자리 잡은 뒤에는 매일 아침마다 동네 한 바퀴를 도는 습관을 만드는 정도로 충분하다.

지극히 사소하고 하찮아 보이는 것도 꾸준히 오래도록 쌓이고 또 쌓이면 결코 무시할 수 없을 만큼 막강한 그 무엇이 된다. 조금씩 꾸준하게, 포기하지 않고 계속하는 끈기가 무엇보다 중요하다.

🖊 Morning Point

처음에는 힘에 부치는 일이라도 꾸준히 계속하다 보면
결국 '습관'으로 자리 잡게 마련이다.

습관화, **결코 어렵지 않다!**

[^‿^ '습관화'를 위한 3단계 전략]

1단계. 일단 시작하고 본다

그래,
해보는 거야!

2단계. 힘들다고 도중에 포기하지 않고 끈기 있게 계속한다

인내!

3단계. 하루라도 하지 않으면 '입 안에 가시가 돋는' 상태가 된다

신난다!

ZZZ...

지금이라도 늦지 않았다!
시작하자!

작은 일이지만 하루도 거르지 않고 꾸준히 실천해 풍요로운 인생과 성공을 손에 넣은 사람은 생각보다 훨씬 많다.

　예를 들면 20만 명이 넘는 독자를 자랑하는 일본의 이메일 매거진 〈헤이세이 진화론〉의 발행인 후나타니 슈지가 대표적인 인물이다. 그는 하루도 빠짐없이 이메일 매거진을 발행하는 성실함으로 유명한데, 구독 신청을 하면 전 세계 어디서나 받아볼 수 있다. 하루도 거르지 않고 메일을 보내는 성실함과 더불어 그의 메일은 알찬 내용으로도 유명하다. 마치 하루하루 인생의 참고서를 받아보는 듯한 느낌이다. 덕분에 매일 새로운 깨달음을 얻을 수 있다. 그래서인지 하루도 빠지지 않고 그의 메일을 챙겨 읽는 열혈 독자들이 상당하다.

후나타니 슈지는 이메일 매거진 덕분에 유명 인사가 되었다. 참가비가 사흘에 300만 원이나 하는 세미나를 개최한다는 공지를 올리자마자 순식간에 정원이 찰 정도다. 또한 이메일 매거진에 있는 광고란으로 짭짤한 부수입을 올리고 있다. 적지 않은 광고비를 지불해야 그의 이메일 매거진에 광고를 실을 수 있지만, 광고를 하겠다는 개인과 기업이 끊이지 않는다.

그는 그저 매일매일 이메일 매거진을 썼을 뿐인데 생각지도 못한 큰 성공을 덤으로 얻은 셈이다. 작은 일이지만 꾸준히 실천했을 때 얼마나 큰 성공을 거둘 수 있는지, 그 생생한 증거를 후나타니 슈지를 통해 확인할 수 있다. 물론 그는 이메일 매거진뿐 아니라 다른 일에도 최선을 다하며 노력하는 삶을 살겠지만, 그가 거둔 성공의 시작은 한 통의 사소한 이메일이었음을 기억할 필요가 있다. 이메일 매거진이 그가 거둔 큰 성공의 기초가 되었음은 그 누구도 부인할 수 없는 사실이다.

그런데 후나타니 슈지와 같은 성공 사례는 우리에게 희망보다 절망으로 다가올 때가 많다. 그가 거둔 성공의 크기에 비하면 평범한 우리네 모습은 더욱 초라하게 느껴질 뿐이다. 그의 성공이 크면 클수록 한없이 작아지는 우리의 모습과 마주해야 한다.

'오늘부터 매일 누군가에게 이메일을 보낸다고 해도 어차피 그 사람의 발끝에도 미치지 못할 테지……'

인정할 건 인정하자. 그를 앞지르기는커녕 따라잡기도 힘든 게 냉혹한 현실이다.

하지만 조금만 관점을 달리해 생각해보자. 이미 훨씬 앞서간 사람을 굳이 앞지르기 위해 기를 쓸 필요가 있을까? 일본에는 '마음먹은 날이 길일'이라는 속담이 있는데, 오늘부터 시작해 매일매일 끊이지 않고 계속한다면 언젠가 노력의 대가를 보상받는 날이 온다는 뜻이다.

예를 들어 오늘부터 이메일 매거진을 쓰기 시작해 5년 동안 계속한다면 5년 뒤 그 수는 1,800통에 달할 것이다. 설사 5년 뒤 메일 발송을 중단한다고 해도 그때까지의 성과는 칭찬받아 마땅하다. 게다가 5년 뒤에는 지금과는 분명히 다른 사람이 되어 있을 것이다.

시작이 반이라고 했다. 늦었다고 생각할 때가 가장 빠르다는 말처럼 지금도 결코 늦지 않았음을 기억하기 바란다.

꼭 이메일 매거진을 고집할 필요도 없다. 나 역시 체질상 이메일 매거진이 맞지 않아 작심삼일로 끝난 경험이 있다. 나는 이메일 매거진 대신 동영상 사이트에 동영상을 올리는 데 재미를 들여 지금까지 꾸준히 동영상을 등록하고 있다.

굳이 인터넷에 무언가를 올릴 필요도 없다. 예를

들어 장기나 바둑이 취미라면 매일 잡지에 나오는 수를 한 문제씩 푸는 정도로 충분하다. 취미로 하는 일이니 콧노래가 나올 정도로 흥이 나고, 스트레스를 받지 않으면서도 자연스럽게 꾸준히 계속할 수 있다. 아마 몇 년 후에는 단수나 급수를 몇 단계쯤 끌어올리는 성과를 낼 수도 있을 것이다.

천릿길도 한 걸음부터라고 했다. 나와 함께 '끈기의 달인'이 되어 인생을 바꾸어 나가자! 아직 늦지 않았다. 지금 당장 시작하고 꾸준히 실천하자.

시작이 반이다. 지금 당장 시작하자!

2장

'아침 1시간'이
중요한
5가지 이유

'아침 1시간'은
뇌가 완전 가동하는 시간

아침은 머리가 가장 맑은 시간이다. 실제로 아침 1시간을 적극적으로 활용해보면 그 어느 때보다 일의 능률이 오르는 경험을 하게 될 것이다. 아침 1시간을 좀 더 효율적으로 활용하고 싶다면 내가 제안하는 방법들을 적극적으로 실천해보자. 아마 기대 이상의 효과에 놀랄 것이다.

매일 '아침 1시간'을 꾸준히 활용해보자

1장에서는 '하루하루 꾸준히 쌓아가는 실천이 중요하다!'고 주장했다. 우선 아침 1시간을 꾸준히 같은 일을 하는 시간으로 만드는 것이 필요하다. 그 과정을 통해 인생에서 '아침 1시간'이 왜 중요한지 깨닫게 된다. 내가 '아침 1시간'을 고집하는 이유를 결론부터 말하자면, 머리가 가장 맑은 아침에 1시간이라는 제한 시간 동안 집중한다면 참으로 많은 것을 이룰 수 있기 때문이다.

인간의 뇌는 사용할수록 피로가 쌓이는데, 하루 일을 마치고 난 저녁 무렵엔 몸도 지치지만 두뇌 작용 또한 떨어진다. 그래서 1시간이라도 아침 시간을 활용하는 것이 중요하다.

야근 중에
무심코 저지르는 실수가 있다?

밤늦게까지 회사에 남아 야근한답시고 책상 앞에

앉아 있다 보면 무심코 업무와 관계없는 웹사이트를 기웃대고 있는 자신의 모습을 발견하게 된다. 나도 여러분 이상으로 유혹에 빠지기 쉬운 나약한 인간인지라, 일을 하다 저녁 7시 무렵 기분 전환이나 할 생각으로 인터넷의 바다에 빠졌다가 그 길로 업무에 작별을 고했던 경험이 하루이틀 아니다. 정신을 차려보면 어느새 시곗바늘은 9시를 훌쩍 넘어 있고, 그때의 자책과 허무감은 이루 말할 수 없다.

그럴 바에야 조금 무리를 해서라도 일을 서둘러 끝내고, 일찌감치 귀가해 아이들과 오손도손 이야기라도 나누며 놀아주는 게 몇 배는 더 의미 있는 시간이다. 이처럼 나도 쇠털같이 많은 날들을 후회로 채웠다. 이 책을 읽는 당신도 허무하게 흘려버린 시간이 아까워 가슴을 치며 후회했던 경험이 있지 않은가?

우리 뇌에 대해 조금만 공부하면 후회로 점철된 나날과도 작별을 고할 수 있다. 우리 뇌는 아침 기상 후 2~3시간 무렵이 가장 집중력을 발휘하기 좋은 상태다. 잠자는 동안 뇌가 편안하게 휴식을 취한 덕분이다.

밤에 잠자리에 들기 전 머릿속에 정보를 입력하고, 아침에 일어나 전날 밤 입력한 정보를 불러와 공부하는 방법이 가장 효과적인 이유도 여기에 있다. 밤에 지식이나 정보를 인풋 하면 잠자는 동안 뇌가 알아서 척척 정보와 지식을 정리해주고, 덕분에 우리는 기억의 서랍이 말끔히 정리된 상태로 잠에서 깨어나게 된다. 이러한 뇌의 작용은 일이나 일상생활에도 얼마든지 응용 가능하다. 상세한 활용 방법은 추후 다시 설명하기로 하고, 집중력을 발휘할 수 있는 아침 1시간을 적극적으로 활용해 중요한 일을 실천한다면 분명 인생에 확실한 보탬이 될 것을 믿고 실천하기 바란다.

밤이 되면 우리의 뇌는 하루의 피로로 인해 기진맥진하다. 따라서 수면 후 뇌가 회복하는 아침 시간을 활용하는 것이 고도의 집중력을 발휘하는 데 효과적이다.

기운이 펄펄!

머리가 가장 맑은 시간대

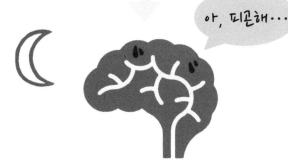

아, 피곤해···

해가 질 무렵에는 기진맥진 모드에 돌입

오전 10시가 지나면
'불청객'이 찾아온다

내가 지금 이 책의 원고를 쓰는 시각은 아침 5시 32분. 아내도 아이들도 새근새근 잠들어 있고, 고즈넉하고 평화로운 정적이 흐른다. 내 손가락은 마치 춤을 추듯 매끄럽게 키보드를 타이핑하고 있고, 머릿속에서는 생각의 실타래가 거침없이 풀리며 쉴 새 없이 글들이 술술 풀려나온다.

이토록 아침 작업에 푹 빠질 수 있는 이유는 바로

아침 시간의 '적막'에 있다. 당연히 이른 새벽 시간에는 전화 벨이 울리지 않고 찾아올 사람도 없다. 아침형 인간이 아니라면 많은 이들이 귀중한 아침 시간을 놓치고 살아간다. 우리는 이른 아침 시간을 적극 활용해 인생에서 중요한 일들을 차근차근 그리고 꾸준히 실천해나가야 한다.

정적이 흐르는 아침 시간과 달리 오전 10시만 지나도 주변이 소란스러워지며 우리를 산만하게 만든다. 집중해서 생각할 무언가가 있어도 백이면 백 다음과 같은 '불청객'이 찾아와 훼방을 놓기 때문이다.

'전화', '회의', '호출', '상담'이라는 이름의 불청객

- 끊임없이 울려대는 전화
- 택배 배달을 알리는 초인종 소리
- 상품권이나 선물을 들이밀며 막무가내로 밀고 들어오는 각종 세일즈맨

상사의 부름

긴히 의논할 일이 있다는 후배

휴대전화를 울리는 친구의 전화

하나하나 예를 들자면 한도 끝도 없을 뿐 아니라, 듣는 여러분의 가슴까지 답답해질 것 같아 이쯤에서 정리하기로 한다. 어쨌든 오전 10시부터 저녁 5시까지는 이와 같은 불청객들이 문지방이 닳도록 드나든다. (특정인을 가리켜 '불청객'이라고 칭하는 게 아니라 당신의 일을 방해하는 모든 방해 요소를 말한다)

나는 조금이라도 방해를 받으면 집중력이 흐트러져 일이 손에 잡히지 않는 약한 인간인지라 더욱 불청객에 신경이 쓰인다.

'불청객이 찾아오지 않는 시간'을 사수하려고 갖은 애를 쓰다 보니 자연스럽게 아침 시간을 활용하는 방향으로 눈을 돌리게 되었다. 아침 시간에 관해서는 '시간은 금'이라는 말이 딱 들어맞는다. 아침은 말 그대로 황금 시간이다!

이토록 황금처럼 값진 시간에 인생에 반드시 필요한 일을 꾸준히 실천할 필요가 있다. 아침 1시간의 노력이 인생에 얼마나 큰 보탬이 될지 내게 묻는다면 당신이 무엇을 상상하든 그 이상이라고 답하리라.

그래서 독자 여러분께 '누구의 방해도 받지 않는 멋진 시간'을 활용해보기를 적극 추천하는 바이다.

🖊 Morning Point

중요한 일일수록 아침에 처리하자.

아침은 누구에게도   방해받지 않는 시간

'아침 1시간'은
인생의 가속 장치

아침이라는 황금 시간을 알차게 보내면 이후에 하는 일에도 긍정적인 영향을 끼친다. 예를 들어 아침 1시간을 활용해 중요하고 긴급한 업무를 한 건 처리했다고 치자. 한 가지 일만 처리했을 뿐인데 하루 종일 여유롭게 보낼 뿐만 아니라 덩달아 나머지 일의 능률도 높아진다.

이해를 돕기 위해 반대로 '아침 1시간을 활용하지 못해 유야무야 하루를 보내버린 사람'의 사례를 살펴보기로 한다.

아침 9시에 출근해 모닝커피를 한 잔 타 들고 컴퓨터 앞에 앉아 이메일을 확인한다.

답장이 필요한 이메일을 꼼꼼하게 읽고 생각을 거듭한 뒤 답장을 보낸다.

10시가 되면 고객에게 걸려오는 전화를 받거나 연락이 필요한 곳에 전화를 건다.

서류 작업을 하다 보니 어느새 12시. 동료와 점심 식사를 하러 나간다. 직장인들로 북새통을 이룬 식당에 줄을 서서 가까스로 식사를 마치고 나니 어느덧 12시 50분. 인터넷으로 뉴스를 몇 개 읽고 나니 벌써 점심시간이 끝났다.

오후에는 쏟아지는 졸음을 참아가며 단조로운 서류 작업을 처리한다.

순식간에 오후 4시. 머릿속으로 오늘은 어디에서 한잔할지를 생각하며 업무를 계속한다.

오후 6시. 퇴근길에 동료와 어울려 딱 한잔만

할 생각이었지만 어영부영 3차까지 끌려가고 말았다.

극단적인 사례를 들긴 했지만 아마 여러분도 위의 사례와 비슷하게 하루하루를 보낸 날들이 적지 않을 것이다.

'아침 1시간' 동안 중요한 일을 처리한다

그렇다면 아침 1시간을 투자해 중요한 일을 끝마친 사람의 하루는 어떻게 다를까?

어떤 사람이 아침 1시간을 활용해 고객의 질문이나 요청을 이메일 등으로 처리하기로 결심했다고 가정하자. 그 경우 아침 9시쯤 업무를 시작할 때는 이미 이메일로 처리해야 할 일들을 모두 마친 뒤이기에 오전 시간을 활용해 다른 창조적인 일을 할 수 있다. 이처럼 집중력을 발휘할 수 있는 아침 시간에 중요한 일을 끝마치면 정신적인 여유가 생겨 나머지 일도 한결 수월하게 처리할 수 있고, 시간 안에 일을 처리해야 한다는 조바심도 사라진다.

진도가 나가지 않는 일을 붙들고 초조함에 애를 태워봤자 일이나 공부에는 하등 보탬이 되지 않는다. '시간이 정해져 있으니까 그만큼 집중해서 처리하자'와 '시간이 없어서 안달복달하는' 사람의 결과물은 차이가 날 수밖에 없다. '조바심'은 여러모로 큰 손해이다.

그날 해야 하는 중요한 일을 밤까지 미적미적 미뤘다가 발등에 불이 떨어지고 나서야 울며불며 처리하느라 몇 배로 고생했던 경험이 여러분에게도 있지 않을까 한다. 무슨 일에든 여유를 가지고 임해야 좋은 성과가 나오는 법이다. 좋은 결과를 원한다면 아침 시간에 바짝 집중해서 중요한 일을 마쳐두는 지혜를 발휘하기 바란다.

🖉 Morning Point

'아침 1시간'은
하루를 알차게 보내기 위한 가속장치이다.

9시 졸린 눈을
비벼가며 출근

아, 졸려...

10시 이메일 확인,
서류 작업

딸깍딸깍

12시 점심식사

우물우물

14시 졸음을 참아가며
일하기

zzz...

*눈꺼풀이
천근만근*

16시 오늘은 어디에서
한잔할지 생각 중…

18시 퇴근길
동료와의 한잔

흘루랄라~

'아침 1시간'과
'야근 3시간'은 같다

"중요한 일을 아침 1시간을 이용해 처리해야 할까요?
아니면 야근을 해서 처리해야 할까요?"

이 질문의 정답을 찾는 것은 누워서 떡 먹기다. 당
연히 '아침 1시간'에 해야 한다. 이유를 묻는다면 '아침
은 고도의 집중력을 발휘할 수 있는 시간대이기에 단 1
시간만으로도 좋은 성과를 낼 수 있기 때문'이라고 대

답할 것이다.

이제 '야근의 효과'에 대해 차근차근 따져보기로 한다. 야근을 하면 어느 정도의 일을 처리할 수 있을까?

그간의 내 경험과 직장인 시절 동료들을 관찰한 결과만 놓고 보아도 '야근 3시간'은 '아침 1시간'과 맞먹는다고 생각하면 얼추 맞아떨어진다. 어쨌든 야근 시간에는 좀처럼 일에 진도가 나가지 않는 경향이 있다.

야근을 하면
왜 일의 능률이 떨어질까?

- 같이 야근하는 동료와 잡담을 하며 일을 한다.
- 인터넷 삼매경에 빠진다. (사실 가장 큰 원인은 인터넷에 있는 경우가 많다. 이 부분에 대해서는 추후 다시 설명하기로 한다)
- 쏟아지는 잠과 사투를 벌이느라 일에 진척이 나지 않는다.

야근을 하며 일에 집중하기란 하늘의 별따기만큼이나 어렵다. 이것은 내가 회사원 시절에는 미처 몰랐지만 뒤늦게 깨달은 삶의 진리다.

　'오늘은 저녁 먹고 7시부터 10시까지 시간을 낼 수 있으니까 그때 일해야지.'

　생각은 가상했지만 좀처럼 일에 진도가 나가지 않았다. 그러다 시계를 보면 어느새 밤 10시가 넘어 있었다. 한두 번이 아니라 거의 매일같이 같은 실수를 반복했다.

　이 책을 읽는 여러분도 과거의 나와 비슷한 실수를 하고 있지 않을까? 물론 밤만 되면 눈이 초롱초롱해지고 머리가 무섭게 돌아가서 죽어도 밤에 일을 해야겠다는 야행성 인간이 간혹 있긴 하다. 하지만 그렇게 스스로 자신할 수 있는 극소수의 사람을 제외하고 대다수는 과거의 나와 비슷한 상황일 것이다.

앞에서 야근을 하면 일에 능률이 오르지 않는 가장 큰

이유로 '인터넷'을 꼽았다.

밤이 되면 우리 뇌에도 피로가 쌓인다. 그래서 인터넷의 바다에 풍덩 빠져 멍하니 정보를 바라보면 머리를 쓸 일이 없어 편하게 느껴진다. 인터넷은 담배나 술과 마찬가지로 중독성이 높아 그것을 끊기 위해서는 뼈를 깎는 노력이 필요하다.

아무 생각 없이 컴퓨터 화면을 바라보며 서핑하다 보면 시간이 잘도 흘러간다. 특히 재미난 동영상이라도 볼라치면 눈 깜짝할 사이에 시간이 흐른다. 최근에는 검색엔진의 기능이 한층 진화해 멍하니 인터넷을 하는 시간이 예전보다 늘어났다.

예를 들면 인터넷 서점이나 쇼핑몰에서 흔히 볼 수 있는 '이 상품을 구입한 분들은 다음 상품도 구입하셨습니다' 등의 일명 '추천 마법사' 기능을 떠올려보자. 눈 가는 대로 위시 리스트나 장바구니에 주섬주섬 갈무리를 하다 보면 한두 시간은 우습게 흘러간다. 또한 내가 즐겨 찾는 '유튜브kr.youtube.com' 사이트에서는 어떤 동영상을 보면 그것과 관련된 동영상이 오른쪽에 줄줄이 표시된다. 실로 멋진 기능이지만 집중해서 일을 해야 하는 사람에게는 독이다. 나도 몇 번이나 이 기능에 보기 좋게 걸려들었는지 이루 헤아리기 힘들 정도다.

유행을 넘어 사회적 열풍의 조짐마저 보이는 페이스북이나 트위터 등의 소셜 네트워크 서비스도 중독성이 높기는 마찬가지다. 유튜브든 페이스북이든 하나하나 놓고 보면 멋진 서비스를 제공하는 사이트로, 사이트 자체를 비판할 생각은 눈곱만큼도 없다. 하지만 일에 집중해야 하는 사람에게는 업무를 방해하는 적이라고 볼 수밖에 없다. 특히 밤에 이런 사이트를 서핑할 경우에는 더욱 주의를 기울여야 한다.

인터넷이야 밤에 하건 아침에 하건 똑같은 게 아니냐고 반문하는 사람도 있겠지만 밤과 낮은 하늘과 땅처럼 차이가 난다. 예를 들어 이메일을 밤에 확인하고 답장을 보내두면 아침 일찍 도착하는 메일의 수는 현저히 줄어든다. 미니 홈페이지나 페이스북 등의 소셜 네트워크 서비스도 아침 일찍 로그인을 하면 접속자와 갱신되는 정보가 훨씬 적다. 실시간으로 연동되는 트위터의 타임라인(소셜 네트워킹 사이트에서 유저 자신 및 친구들의 글을 모아서 보여주는 부분)을 살펴보면 이해하기 쉽다. 밤에는 타임라인에 쉴 새 없이 글이 올라오지만 새벽에는 새로 올라오는 글이 거의 없어 트위터 화면 자체에 거의 변화가 없다. 유튜브와 같은 세계적인 동영상 사이트는 아침이나 밤이나 큰 차이가 없지만, 일단 유혹에 빠져 새 동영상을 클릭하지 않는 이상 아침부터 인터넷의 바다에 빠져 허우적거릴 가능성은 거의 없다.

인터넷의 유혹뿐 아니라 밤에는 우리의 몸과 뇌가 지쳐 한 가지 일에 진득하게 집중하기 힘들다. 여기까지만 살펴봐도 '아침 1시간'과 '야근 3시간'의 대결에서 '아침 1시간'의 압승이라고 볼 수 있지 않을까?

 **Morning Point**

야근을 세 시간 할 바에야
아침에 한 시간 바짝 일하는 편이 낫다.

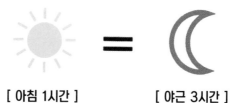

'아침 1시간'과 '야근 3시간'은 같다

[아침 1시간]　　＝　　[야근 3시간]

해도해도 끝이 없네...

야근 3시간

피로가 쌓여 효율이 떨어진다

재잘재잘~

인터넷 쇼핑이나
수다 삼매경에 빠지기 십상

'1시간'이어야 하는
이유

"아침에 그렇게 집중이 잘된다면 1시간이 아니라 3시간이든 5시간이든 아침에 일하는 게 낫겠네요."

"굳이 1시간을 고집할 필요는 없잖아요. 1시간이든 1시간 20분이든 그 일을 끝마칠 때까지 하면 안 되나요?"

내가 자주 받는 질문 중 하나다. 아마 독자 여러분 중에도 같은 의문을 품은 분들이 많지 않을까 싶다. 결론부터 말하자면, '아침 1시간을 지켜야 한다'는 게 내 대답이다. 그 이유는 크게 2가지로 나누어 설명할 수 있다.

핵심은 '제한'과 '계획성'

① '1시간'이라는 제한을 두어야 집중력을 발휘할 수 있다.

② 일을 끝마치지 못했더라도 시간이 되면 손을 놓아야 계획적인 생활이 가능하다.

아침 1시간을 지켜야 하는 첫 번째 이유는 '1시간'이라는 제한을 두어야 집중력을 발휘할 수 있기 때문이다. 아침에는 출근 시간이나 고객 방문 시간 등이 정해져 있기에 하던 일을 그 전에 마무리 지어야 하는 제한이 있다. 그에 비해 밤 시간에는 제한이나 강제력이 발생하지 않는다. (가령 성인이라면 잠자리에 드는 시간은 누가 시켜서가 아니라 스스로 정한다) 따라서 밤에는 시간이 얼마든지 있다고 착각하기 쉽다. 또한 밤 시간에 1시간이라는 제한 시간을 설정하기 위해서는 상당한 의지력이 필요하다.

이제 두 번째 이유에 대해 살펴보기로 하자. 무슨 일을 할 때든 데드라인을 설정해놓고 제한 시간이 되면 일을 마치지 못했을지언정 깔끔하게 손을 털고 일어나야 다음 단계로 넘어갈 수 있다. 예를 들어 마감이 코앞에 닥친 업무를 처리한다고 치자. 확실하게 매듭을 짓기 전에는 퇴근하지 않겠다는 비장한 각오로 책상에 앉아 일과 씨름하는 사람이 많다. 그러나 퇴근 시간이 되면 책상 위에 처리 중이던 파일을 올려놓고 모니터는 그대로 켜둔 채 과감하게 퇴근하는 편이 단연 효율적이다. 그러면 다음 날 출근하자마자 하던 일을 이어서 계속할 수 있기 때문이다.

손이 많이 가는 번거로운 작업이나 귀찮은 일을 할 때는 하기도 전에 질리는 경우가 많은데, 일에 재미를 느끼지 못하면 집중력이 떨어지고 좀처럼 진도가 나가지 않는다. 그러면 다음 단계를 예상하거나 계획을 세울 여유도 없어지고, 그 일에 점점 더 정나미가 떨어진다. 그래서 첫 단추를 끼우는 방법이 중요한 것이다.

일단 '아침 1시간'으로 제한을 설정하고 일에 착수한 뒤 어중간한 상태라도 좋으니 1시간이 지나면 무조건 자리를 털고 일어나자. 만약 시간이 남는다면 자료 준비라도 하며 나머지 시간을 채우면 그만이다. 무슨 일이든 시동을 걸 때 가장 큰 에너지가 필요한 법이다. 아침 시간을 활용해 미리미리 준비해두면 마음의 부담을 덜 수 있어 아무리 버거운 일이라도 한결 가볍게 착수할 수 있다.

하기 전에는 귀찮고 어려웠던 일이 일단 시작하고 나니 의외로 술술 풀린 경험이 누구에게나 있을 것이다. 일부러 어중간한 상태로 일을 남겨두는 방법은 고도의 업무 처리 기술인 셈이다. 눈 딱 감고 1시간 동안 최선을 다하고, 시간이 되면 미련 없이 손을 털고 일어나자!

𝄃 Morning Point

하기 싫은 일일수록 '1시간'이라는 시간제한을 철저히 지키자.

시간 제한이 집중력을 쑥쑥!
앞으로 20분만 더 힘내자!

앞으로 20분만
더 힘내자!

 계획성이 높아져
작업에 대한 의욕도 쑥쑥!

앞으로
두 번(2시간)만 하면
끝이네. 한숨 돌리고
다시 으라차차~!

3장

'아침 1시간 노트'
활용법

'아침 1시간 노트' 만드는 법과 사용법

드디어 실전이다! 지금부터 독자 여러분의 길라잡이가 되어줄 '아침 1시간 노트'를 만들어보자. '노트'라는 거창한 이름이 붙었지만 만드는 방법은 간단하다.

먼저 일반적인 대학 노트 한 권을 준비한다. A4 크기의 노트로 빽빽하게 줄이 쳐진 노트가 적당하다.

(기왕이면 다홍치마라고 저자와 똑같은 제품을 사용하고 싶은 독자를 위한 팁! 저자가 사용한 노트는 일명 '옥스퍼

드 노트'라는 제품으로 시내 대형 문고의 문구 코너에 가면 각종 사이즈의 옥스퍼드 노트를 구입할 수 있다. 인터넷 서점의 gift 카테고리나 각종 인터넷 쇼핑몰에서도 저자가 사용한 제품과 동일하게 줄이 들어간 '옥스퍼드 노트 일본판'도 구입이 가능하다)

노트의 왼쪽에서 3센티미터 위치에 세로줄을 긋는다. 그리고 노트의 두 번째 가로줄에 다시 선을 긋는다. (원래 줄이 쳐진 노트를 사용하기 때문에 기존의 줄 위에다 덧그리는 느낌에 가깝다) 그 다음 세로줄의 왼쪽 아래에 위에서부터 '매일 꾸준히 할 일' 항목을 써 나간다. 할 일을 다 적었으면 가로줄 위에 날짜를 적는다. 월(月) 표시는 각 달의 1일 위에 쓴다. (처음 노트를 만들 때 시작일은 노트를 만드는 다음 날로 한다)

아침이 되면 어제 만든 노트를 펼치고 한 가지씩 '아침 1시간에 해야 할 일'을 해 나간다. 완료한 일에는 ○ 표시를 하고, 안타깝게 완료하지 못한 일에는 × 표시를 한다. 각 항목의 제일 아래 칸에는 그날 완료한 일을 집계해 숫자로 기록한다.

만약 '아침 1시간'에 할 일이 독서밖에 없다고 해도 상관없다. 아침 1시간 동안 할 일 항목에 '독서'라고 큼직하게 적는 것으로 충분하다. '아침 1시간 노트'의 요지는 절대 아침 1시간으로 이것저것 많은 일을 처리하자는 게 아니다. 매일 한 가지 일이라도 꼬박꼬박 꾸준히 해내기만 해도 기특한 일이다.

○, × 표시를 하고 노트 오른쪽 가장자리까지 꽉 차면 다시 아래쪽으로 돌아가 쓴다. × 표시가 많다고 기가 죽거나 낙담할 필요는 없다. '매일 꼬박꼬박' 하루 1시간 활동의 결과를 노트에 기록한다는 행동 자체가 '아침 1시간'을 실천한다는 증거이므로, 앞으로 ○ 표시를 늘려 가는 것으로 충분하다.

"일일이 손으로 쓰는 것보다 엑셀이나 워드 같은 컴퓨터 프로그램을 이용하면 훨씬 간편하지 않나요?"

물론 컴퓨터를 활용하면 표를 만들고 기록하는 정도야 몇 분만 투자하면 뚝딱이다. 컴퓨터가 편하다면 컴퓨터를 사용해도 무방하다.

다만 나는 '손 글씨'를 강력하게 추천하고 싶다. 자신의 손으로 적은 ○, × 표시를 되돌아보며 힘을 얻고 더욱 분발해야겠다는 각오를 다질 수 있다고 믿기 때문이다. 하지만 어디까지나 내 생각일 뿐 사람에 따라서는 컴퓨터 화면 속의 글자에 더 큰 위안을 받을 수도 있는 법이니 기록 매체는 각자의 판단에 맡기겠다.

이 책에서 소개하는 방법은 가장 기본적인 '아침 1시간 노트'다. 120~121페이지에 내가 실제로 사용하는 노트를 소개한다. 모범 답안은 아니지만 내가 작성한 노트를 본보기로 삼아 각자 수첩이나 노트에 자신만의 '아침 1시간 노트'를 만들어보자.

Morning Point

노트나 수첩을 활용해 '아침 1시간 노트'를 만든다.

'아침 1시간 노트' 만드는 법

준비물

A4 사이즈의 노트(빽빽하게 줄이 쳐진 노트)

만드는 법

	8/19	8/20	8/2	8/22	8/23
독서	O	O	O		
신문 읽기	O	X	O		
10분 산책	X	O	X		
청소	O	X	O		
블로그 업데이트	O	O	O		

노트 왼쪽에서 3센티미터 지점에 세로로 줄을 긋는다.

노트의 두 번째 줄에도 가로줄을 긋는다.

(원래 있는 줄 위를 따라 그린다는 느낌으로)

'매일 꾸준히 할 일'을 자유롭게 적는다.

❷의 줄 위에 날짜를 적는다.

완료한 일에는 O 표시를,

완료하지 못한 일에는 × 표시를 한다.

매일
꾸준히!!

'꿈', '목표'를 정하고
매일 쌓아간다

매일 아침 1시간을 활용해 꾸준히 해야 할 일을 적는 간단한 일에도 의외로 머리를 싸매고 고민하는 사람이 많다. 여러분의 고민을 덜어드리기 위해 일단 항목의 수에 관해 함께 생각하는 시간을 갖기로 한다.

　1시간은 길다면 길다고 할 수 있지만 짧은 시간이기도 하다. 멍하니 먼 산만 바라보아도 1시간은 훌쩍 지나간다. 반면 1시간 동안 최선을 다해 한 가지 일에 집중한다고 해도 1시간 안에 할 수 있는 일은 생각보다 많지 않다. 그러니 딱 한 가지 일에만 매달려도 전혀 문제 될 게 없다.

나는 현재 '아침 1시간 노트'에 8개의 항목을 만들었다. (상세한 항목은 8장 '아침 1시간 노트 만들기'를 참조) 야심 차게 8개의 항목을 만들었지만 아침 1시간 동안 처리하기에는 역부족이다. 그래서 몇 가지 항목은 아침 1시간을 활용해 처리하고, 이어지는 30분에 나머지 일들을 처리한다. (굳이 따지자면 아침 1.5시간 노트인 셈이다)

30분을 더 내기 힘든 경우에는 짬짬이 생기는 자투리 시간이나 퇴근 후에 몰아서 처리하는 경우도 있다. 나는 '독서'라는 항목을 노트에 추가했는데, 하루에 최소 1시간은 책을 읽자는 취지로 시작한 일이다. 그래서 '아침 1시간'으로 독서를 끝내지 않고 자투리 시간이나 잠자기 전 이부자리 속에서 책을 읽곤 한다. 꼭 아침 1시간 동안 행한 일은 아니지만 어쨌든 책을 읽었으니 노트에는 시원스럽게 ○ 표시를 한다.

자, 이제 다시 본론으로 돌아가 '아침 1시간을 이용해 무슨 일을 하면 좋을까?'라는 질문에 대한 답을 찾아보기로 한다. 결론부터 말하면, '자신의 꿈과 목표로 이어지는 일'이라면 무엇이든 상관없다. '꿈'과 '목표'를 같은 단어로 취급하는 경우가 많지만, 나는 꿈과 목표를 구분해서 사용한다.

> '꿈'은 실현 가능성이 낮지만 가능성이 전혀 없지는 않은 원대한 목표
> '목표'는 하는 방법이나 노력 여하에 따라 실현 가능성이 높아지는 일

국어사전의 정의와는 다르지만 나는 꿈과 목표에 관한 나만의 정의를 고집한다.

요즘 누군가 내 꿈에 대해 물으면 일본 더비(영국의 더비를 본뜬 경마. 매해 5월 마지막 일요일에 나릅말(=네 살배기 말)의 왕자를 겨루는 특별 경주)의 승리 마주가 되는 게 꿈이라고 대답한다. 더비에서 승리한 말의 마

주는 1년에 딱 한 명밖에 없다는 점을 감안하면 상당히 확률이 낮은 꿈이다. 그래도 한때 같은 회사에서 일했던 동료가 우승 마주가 되었으니, 완전히 뜬 구름 잡는 이야기는 아니라고 생각한다.

그리고 목표를 묻는 질문에는 몇 가지 분야로 나누어 대답한다. 예를 들면 다음과 같은 식이다.

① 몸무게를 75킬로그램까지 줄인다.
② 새로운 회사의 컨설팅 일을 맡아 ○년간 ○억 원의 자산을 일군다.
③ 어린이 야구단의 감독으로 내가 맡은 팀을 전국 대회에 출전시킨다.

글로 적고 보니 의외로 소시민적이면서도 구체적인 목표라 쑥스러움에 나도 모르게 머리를 긁적이게 된다.

어쨌든 독자 여러분도 각자 이루고 싶은 '꿈'과 '목표'가 몇 가지는 있으리라 믿는다. '아침 1시간 노트'에는 그 '꿈'과 '목표'로 이어지는 일을 적어야 한다.

내 예로 돌아가, 나는 '아침 1시간 노트'에 다음과 같이 적었다.

① 매일 조깅을 한다.

② '유스트림   '에 경영 컨설팅 관련 동영상을 매일 업데이트한다.

③ 매일 아이들과 야구 연습을 한다.

실제로 '아침 1시간 노트'에 내가 적은 목표의 개수는 여러 개이지만 여기에서는 ①~③의 목표를 달성하기 위해 할 일만 적어보았다.

다시 한 번 정리하면, 우선 몇 가지 '꿈'과 '목표'를 종이에 적고, 그 꿈과 목표를 실현하기 위해 매일 해야 할 일을 '아침 1시간 노트'에 항목 별로 적는다. '아침 1시간 노트'는 꾸준한 기록 자체에 가치가 있지만, 그 이상으로 '부지런히 목표를 향해 나아가는 노력'에 커다란 값어치가 있는 셈이다.

Morning Point

**'꿈'과 '목표'를 명확히 설정하고,
그것을 이루기 위해 해야 할 일을 적는다.**

노트에 들어가야 하는
5가지 항목이란?

여기까지 읽고도 '아침 1시간 노트'에 무엇을 적어야 좋을지 몰라 막막하다는 독자를 위해 다음과 같은 예를 소개한다. 각각의 항목에 관련성은 없지만 생각나는 대로 자유롭게 나열해본 것이다.

① 오늘 할 일, 즉 오늘의 계획

② 어제 한 일이나 하지 못한 일

③ 어제 읽은 책의 서평을 블로그에 올리기

④ 자신의 방이나 책상 정리 정돈

⑤ 최근에 만난 사람들에게 엽서 보내기

위의 5가지 추천 항목을 만든 데는 이유가 있다

①은 오늘 하루를 충실하게 살기 위해 중요하다. 오늘 할 일을 아침에 정하면 이후에는 정해진 일을 하기만 하면 그만이다.

②는 하루하루의 일과 생활을 미래로 이어가기 위한 작업이다. 어제 완료한 일은 앞으로도 꾸준히 계속해가야 하며, 어제 미처 끝내지 못한 일은 할 수 있을 때까지 시행착오를 거치며 앞으로 실현 가능하도록 만들어야 한다.

③은 책을 읽고 그 책에 나오는 내용 중 자신이 할 수 있는 일이나 하고 싶은 일을 갈무리하는 작업이다. 책의 내용을 기록으로 남겨두면 자신의 삶의 양식으로

삼을 수 있다.

④는 주변을 깨끗하게 청소해 일에 집중할 수 있는 환경을 갖추자는 취지에서 마련한 항목이다. 청소는 일의 능률을 높이는 데 중요한 요소로 작용한다. 정리 정돈이나 청소는 하루아침에 가능한 일이 아니다. 평소에 조금씩 정리 정돈을 의식하며 생활할 필요가 있다.

마지막으로 ⑤에 대해 살펴보자. 내 주변에는 자신이 만난 사람들에게 매번 엽서나 편지, 카드를 보내는 사람이 있다. 매번 보내기가 번거롭다면 한동안 발길이 뜸했던 고객이나 축하할 일이 있는 사람에게 엽서나 카드를 보내는 방법도 좋다. 고작 엽서나 카드 정도로 매출이 껑충 뛰어오르지는 않겠지만, 평소 감사하는 마음을 담아 몇 줄의 글이라도 적는 행위는 필경 앞으로의 인생에 보탬이 될 것이다.

'아침 1시간 노트'의 항목에는 특별한 제한이 없다. 매일 해야 한다고 생각하는 것만으로 골치가 지끈거리는 일을 쓸 필요는 없다. 오히려 생각만 해도 흐뭇한 미소가 절로 나오는 일을 하는 게 좋다. 매일 아침 1

시간 동안 콧노래가 나올 정도로 즐거운 일을 하면 스트레스도 쌓이지 않고 인생의 행복감을 맛볼 수 있기 때문이다. '목표로 이어지는 일을 하라'는 처음의 주장과는 다소 어긋나지만, 어쨌든 자신의 마음이 가장 중요하다. 내 마음이 가는 대로 신명나게 할 수 있는 일을 찾아보자.

Morning Point

중차대한 목표가 아닌 그저 자신이 좋아하는 일을
'아침 1시간 노트'에 적는 것도 상관없다.

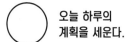**'아침 1시간 노트'**   **추천 항목**

◯ 오늘 하루의
계획을 세운다.

◯ 어제 한 일과
하지 못한 일을 되돌아본다.

◯ 어제 읽은 책에 대해
요약한다.

◯ 방이나 책상 주위를
깨끗이 청소한다.

◯ 최근 만난 사람에게
엽서나 카드를 보낸다.

 작은 일이라도
꾸준히 계속하면
효과가 있답니다!

내가 실제로 사용하는
'아침 1시간 노트'

앞에서 살펴본 '아침 1시간 노트'는 기능적으로 가장 단순한 형태다. 이번 장에서는 실제로 내가 사용하는 '아침 1시간 노트'를 예로 들어 좀 더 다양한 기능에 관해 설명하고자 한다.

　다음 페이지의 예를 살펴보면 앞서 소개된 기본 형식에 약간의 항목을 추가하였음을 알 수 있다. 이 책이 부록으로 제공하는 노트를 그대로 활용할 수도 있다.

부록은 직접 노트를 구입해서 자신에게 맞는 형식으로
변형하는 사람에게도 참고가 되리라 믿는다.

**부록으로 제공되는 노트를 활용해
내일 아침부터 당장 시작해보자.**

'아침 1시간 노트' 기입 예

		8월	8월
		22일	23일
		월	화
	업무 예정	회의	
	꿈 + 목표	• 1년에 365권 독파 • 토익 700점 • 연봉 1억 원	
	일찍 자고 23:00 일찍 일어나기 06:00	23:00 06:00	22:30 06:45
1	20분 독서	○	○
2	10분 산책	○	○
3	영어신문 읽기	○	×
4	하루 스케줄 정리	○	×
5	어제 하루 반성하기	○	○
6	자격증 시험 공부	○	○
7	블로그, 홈페이지 업데이트	×	○
8	감사 편지 쓰기	×	×
	○ 개수	6	5

8월	8월	8월	8월	8월
24일	25일	26일	27일	28일
수	목	금	토	일
A사 미팅	B사 프레젠테이션	경비 정산 마감	**중요한 업무 일정을 아침에 확인**	
	꿈·목표를 잊지 않도록 확실하게 써둔다			
23:45	21:50	22:30	23:15	24:15
07:00	05:45	06:00	06:30	06:45
○	○		○	○
×	○	**목표로 하는**	○	×
×	○	**기상 및 취침 시간을**	○	×
○	○	**정해두고 실제 시간을**	○	×
○	×	**기록한다**	○	○
×	○	○	○	○
×	○	○	×	○
○	○	×	×	○
4	7	5	6	5

어린 시절 선생님께
칭찬 도장을 받듯 기록해간다

이제 '아침 1시간 노트'를 만들고 사용하는 대략적인 방법에 대해서는 어느 정도 감히 잡혔으리라 믿고, 이번 장에서는 결과를 평가하는 방법과 마음가짐에 대해 살펴보고자 한다.

혹시나 기억이 가물가물한 독자를 위해 잠깐 복습을 하자면, '아침 1시간 노트'의 세로줄에는 '아침 1시간을 이용해 매일 할 일', 가로줄에는 '날짜'를 적어야 한다. 기록 방법 자체는 매우 간단하다. 120~121페이지의 표를 보면 알 수 있겠지만, 매일 항목 별로 완료한 일에는 ○를, 완료하지 못한 일에는 × 표시를 한다. (×의 부정적인 이미지가 마음에 들지 않는다면 다른 표시를 사용해도 상관없다. 예를 들면 ^^ 또는 ㅜㅜ 표시를 사용하는 식이다)

맨 아랫줄에는 결과를 적는다. 결과에는 완료한 개수(○의 개수)를 세어서 숫자로 기록한다.

매일 ○로 가득 찬 노트를 보면 뿌듯하겠지만, 막상 해보면 생각보다 쉽지 않은 일이다. 하지만 ×가 있어도 전혀 마음에 담아둘 필요는 없다. ×가 ○보다 많다고 해서 기죽지 말고, 내일부터는 모조리 ○로 채우겠다고 마음을 다잡고 내일을 위해 준비하면 그만이다.

일주일 단위로 ○와 ×의 합계를 계산하며 한 주를 되돌아본다. 반성하거나 자책하는 기분보다 게임의 기록을 평가한다는 기분으로 즐겁게 합산해보자.

게임의 기록을 확인하듯
일주일을 평가한다

예를 들어 하루에 3가지 일을 하기로 작정했다고 치자. 일주일 후의 결과가 11승 10패(○가 11개, ×가 10개)라면 아슬아슬하기는 하지만 승리는 승리이니 승리의 기쁨을 만끽하자! 만약 결과가 16승 5패였다면 누가 봐도 압승! 자신의 승리에 만세를 부르며 스스로를 징찬해주자.

　게임의 기록을 확인하는 기분으로 일주일을 평가하면 ×가 ○보다 많더라도 기죽지 않고 승률을 높이는 데 주력할 수 있다.

　여기까지 읽은 독자라면 잠시 책을 내려놓고 '아침 1시간 노트'를 만들어보자. 꼭 책을 끝까지 읽고 만들어야 한다는 법은 없다. 그리고 내일부터 당장 '아침 1시간 노트'를 시작해보는 것이다!

결과에 일희일비하지 않는다.

4장

아침형 인간으로 거듭나는 9가지 필승 전략

즐거운 밤 생활과
작별한다

'아침 1시간'을 활용하기 위해서는 반드시 일찍 일어나
야 한다. 이번 장은 '아침 1시간 노트'의 영원한 단짝,
'일찍 일어나기'에 대한 강의로 꾸몄다. 핵심은 9가지!
나는 이 9가지 사항을 지켜 아침형 인간으로 거듭났다.
(반대로 이 9가지를 지키지 않으면 일찍 일어날 수 없다) 일
찍 일어나기 위해 사용하는 각양각색의 방법이 있겠지
만, 내 노하우를 참고해 자신만의 비법을 완성하라는

의미에서 몇 가지 방법을 소개한다.

첫째, '즐거운 밤 생활'과 작별을 고한다. '밤 생활'이라고 하면 어쩐지 수상한 분위기를 풍기지만, 어쨌든 주로 저녁 시간 이후에 즐기는 일들을 뭉뚱그려 '밤 생활'이라고 부르기로 한다.

밤에는 매력적이고 즐거운 놀이가 넘쳐난다. 요컨대 밤은 유혹에 빠지기 쉬운 시간이다. 대표적인 예가 술자리다. 죽이 맞는 친구와 술잔을 기울이며 세상 돌아가는 이야기를 나누다 보면 시간 가는 줄 모를 정도로 즐겁다. 하지만 곰곰이 생각해보면 친구와의 술자리든 회식이든 술이 들어가는 모임에서는 적지 않은 시간을 낭비하게 마련이다.

예를 들어 저녁 6시부터 술을 마시기 시작해 이런저런 이야기를 나누다 보면 어느새 1차가 끝나고 시간은 밤 10시를 훌쩍 넘기기 일쑤다. 거기서 끝내면 좋으련만 분위기에 취해 딱 한 잔만 더하자며 2차까지 이어진다. 한 잔이 두 잔 되고 두 잔이 세 잔 되다 보면 어느새 막차 시간. 허둥지둥 콩나물시루처럼 빽빽한 막차에 몸을 싣고 장장 1시간을 참아가며 집으로 향한다. 가까스로 집 근처 역에 도착했지만 버스는 이미 끊어진 뒤라 울며 겨자 먹기로 택시를 탄다. 현관문을 열고 들어서면 벌써 새벽 1시……

어쩐지 낯설지 않다고? 그렇다면 이번 기회에 자신의 생활을 돌아보고 개선할 필요가 있다.

술친구는 정해져 있다?

자, 이제 자신의 밤 생활에 대해 다시 생각해볼 시간이 찾아왔다. 함께 술잔을 기울이는 친구의 얼굴을 떠올려보자. 매번 다른 사람과 술을 마시는가? 아니면 늘 비슷비슷한 사람들과 술잔을 기울이는가? 아마 술친구가 정해져 있다는 사람이 대부분일 것이다. 마음 맞는 친구와의 술자리는 뿌리치기 힘들 정도로 달콤한 즐거움을 선사하지만, 솔직히 도시락 싸들고 다니며 말리고 싶은게 솔직한 내 심정이다.

나도 술자리에 참석하지만 항상 다른 사람들과 마

시려고 애쓴다. 1차에서 밀도 있는 대화를 집중적으로 나누고 9시가 되면 깨끗하게 자리를 털고 일어난다. 집에 도착하면 늦어도 10시. 느긋하게 목욕을 하고 책을 읽고 11시에는 이부자리에 몸을 누인다. 당연히 다음 날 아침에도 일찍 일어날 수 있다.

술자리든 회식이든 송년회든 일단 술잔이 도는 저녁 모임에 참석하면 자리를 뜨기가 쉽지 않다. 다들 끝까지 자리를 지키는데 매번 혼자서 먼저 일어나겠다는 말을 하면 모두의 눈총은 기본이고 애써 가꾼 인간관계를 망치게 되리라는 걱정을 뿌리치기 어렵다. 그 마음은 나도 잘 안다. 나도 한때는 끝까지 자리를 지키는 축에 속했지만 지금은 과감하게 일어난다. 물론 한 잔 더 하고 가라며 붙잡는 사람이 있지만 깍듯하게 거절한다.

내가 없으면 술맛이 나지 않을 거라는 생각은 그야말로 자의식 과잉! 시간이 되면 깍듯하게 인사를 하고 자리에서 일어나야 한다. 나는 수없이 많은 술자리에서 다른 사람보다 먼저 일어났지만 후회한 적은 단 한 번도 없다. 물론 같이 술을 마시던 사람들에게 나쁜 인상을 주었다고도 생각하지 않는다.

밤에는 즐길 거리가 참으로 많다. 하지만 즐거운 밤 생활과 이별하지 않으면 아침형 인간으로 다시 태어나는 것은 불가능하다. '아침 1시간'으로 진정 인생을 바꾸고 싶다면 오늘부터 당장 즐거운 밤 생활과 작별을 고하라.

🖊 Morning Point

**술자리는 즐겁지만
생산성이 낮다는 사실을 잊지 말자.**

'밤 생활'과 이별하자!　　술자리 편

즐거운
술자리

하지만
－－
아슬아슬하게
막차를 타는 날이
이어진다

그래서
－－
생산성이 낮은
잡담만 오간다

규칙 1 술자리는 1차로 끝내거나 무조건 9시 전에 일어난다

규칙 2 같은 사람들과 반복적으로 술자리를 갖지 않는다

"먼저
실례하겠습니다."

'너무
같은 사람들하고만
마셨나?'

첫째, "내일 중요한 일이 있어서 먼저 들어가 보겠습니다"라고
말해도 아무도 뭐라 하지 않는다.
둘째, 비슷비슷한 사람들과 술을 마시면 비슷비슷한 이야기밖에
오가지 않는다.
셋째, '술자리 ＝ 상당한 시간 낭비'임을 인식한다.

아침형 인간의 가장 큰 적, '텔레비전'과 '인터넷'

어쩌다 보니 술 이야기에 상당한 지면을 써버렸는데, 술자리를 피했다고 안심하기에는 이르다. 집에 돌아오면 '텔레비전'과 '인터넷'이라는 만만치 않은 적이 있기 때문이다. 나는 텔레비전과 인터넷을 아침형 인간의 '공공의 적'이라 부른다.

일단 텔레비전을 켜는 순간 끝장이다! 텔레비전 앞에 앉아서 넋을 잃고 보다 보면 몇 시간쯤은 우습게 홀

러간다. 적어도 나는 그랬다.

인터넷도 별반 다르지 않다. 자랑은 아니지만 인터넷의 바다에 빠지면 몇 시간은 정신을 잃고 허우적댈 자신이 있다. 일찌감치 일을 마쳐놓고 잠시 기분 전환이나 할 생각으로 인터넷 브라우저를 클릭했다가, 정신을 차려보면 어느새 주위는 깜깜한 밤! 그때마다 멍하니 인터넷으로 흘려보낸 시간이 아까워 가슴을 치며 자신을 탓했다.

후회한들 흘러가버린 시간은 돌아오지 않는다. 후회할 바에야 애초에 그 일에 손을 대지 않는 게 속 편한 삶의 지름길이다.

텔레비전의 '녹화' 기능을 적극 활용한다

텔레비전과 인터넷을 끊기 전에는 즐거운 밤 생활과의 완전한 결별에 성공했다고 볼 수 없다. 그렇다면 우리를 유혹하는 텔레비전과 인터넷의 달콤한 마수에서 어떻게 벗어나야 할까?

　보고 싶은 프로그램이 있다면 편성표를 보고 '시청 예약 기능'을 설정해둔다. 그리고 본방 사수 대신 녹화 기능을 활용한다. 시간이 있을 때 미리 녹화해둔 프로그램을 보는 방법을 추천한다. (물론 밤 시간은 좌우간 피하고 보는 게 상책이다) 광고 없이 본방송만 녹화하는 기능이 있다면 적극 활용해 시간을 단축하자. IPTV를 활용하면 귀찮게 녹화할 필요도 없이 필요한 때 필요한 프로그램을 찾아서 볼 수 있어 편리하다. 게다가 2배속, 4배속재생 등의 기능을 활용하면 텔레비전을 보는 시간을 줄일 수 있다. 자신이 정한 시간에 텔레비전을 보는 습관과 멍하니 텔레비전에 넋을 잃고 있는 시청 습관은 하늘과 땅만큼 차이가 난다.

　녹화를 해두었다고 해서 그 프로그램을 1화부터 마지막 편까지 완주해야 한다는 법도 없다. 최신 프로그램만 골라서 보고 일정 시간이 지나면 말끔하게 지워버리는 대범함을 발휘해야 한다.

텔레비전의 유혹을 물리쳤다면 이제 인터넷의 유혹을 극복할 차례다. 인터넷은 제한 시간을 설정하고 정해진 시간만큼만 서핑하는 방법을 추천한다. 나는 인터넷에 접속하는 순간 부리나케 타이머의 버튼을 누른다. 주방용 타이머나 휴대전화의 타이머 기능을 활용하면 편리하다. 예컨대 30분을 하기로 했다면 30분으로 설정하고 알람이 울리는 순간 미련 없이 인터넷 브라우저의 창을 닫아버린다. 시간에 제한을 두지 않으면 인터넷의 마수에서 벗어날 재간이 없다. 인터넷은 그만큼 강력한 유혹인 것이다. 적의 마수에 넘어가지 않도록 단단히 마음을 무장할 필요가 있다.

지금까지 술자리, 텔레비전, 인터넷이라는 공공의 적에 대해 살펴보았다. 뿐만 아니라 요즘 세대라면 공공의 적 목록에 스마트폰, 태블릿 PC를 추가해야 할 것

이다. 이들의 유혹에서 벗어나야 당신의 인생을 풍요롭
게 하는 '상쾌한 아침 생활'을 실현할 수 있다.

'밤 생활'과 이별하자! 텔레비전·인터넷 편

VS

보고 싶은 프로그램을 편성표에서 확인해
시청 예약 기능을 설정한다.

자동 녹화 기능으로 시간이 있을 때 다시 시청한다.

VS

제한 시간을 정해놓고 사용 시간을 지킨다.

타이머를 준비해 시간을 설정한다.

100% 일찍 일어나는 '야간 작전'

나에게는 올해로 초등학교 4학년과 6학년이 되는 두 아들이 있다. 꿈나라로 떠나는 속도는 두 아들을 따라잡을 수가 없는지라 잠자리 습관에 관해서는 아이들에게 배우는 부분이 많다.

우리 집 아이들은 늦어도 밤 9시 반에는 잠자리에 든다. 일찍 잠자리에 드는 덕분에 대개 5시 반에서 6시 반에 일어난다. 초등학생치고는 잠자는 시간이 짧다는 염려도 들지만 한편으로는 '일찍 자고 일찍 일어나는 새 나라의 어린이'라는 생각에 아빠로서 어깨가 으쓱하다.

아들 녀석들의 꿈나라 입성 작전은 대략 다음과 같다.

평일에는 학원에 다니느라 저녁을 먹고 나면 대개 7시가 넘지만, 가능한 느긋하게 저녁 식사를 즐긴다. 8시 무렵에는 목욕을 하고 잠시 텔레비전을 보거나 게임을 한다. 그리고 9시에는 제각각 좋아하는 책을 품에 안고 이부자리로 들어간다.

이부자리에서 잠깐 책을 읽나 싶더니 책을 덮지도 못하고 그대로 잠에 곯아떨어진다. 읽던 페이지에 손가락을 끼운 채 잠들기 일쑤라 내가 손에서 책을 떼어낸 적이 한두 번이 아니다. 그야말로 내가 바라는 이상적인 수면 방법이다.

늦잠꾸러기의 특징이
따로 있다?

일찍 일어나지 못하는 사람은 유난히 잠귀가 밝거나 잠을 이루지 못하고 뒤척이는 시간이 길다. 이유야 어쨌든 일찍 일어나지 못하는 사람은 일찍 잠자리에 들지 못하는 경우가 많다. 쉽사리 잠을 이루지 못하는 이유는 잠자리에 들기 전까지 바삐 몸을 움직이는 활동을 하거나 고민거리를 이부자리까지 가지고 가 골똘히 생각에 잠기기 때문이다. 잠자리에서 뒤척이는 시간을 줄이고 싶다면 몸과 마음을 차분하게 다스리고 졸음이 오면 자연스럽게 자리에 누워 눈을 감는 방법이 최선이다.

아이들을 본받아 이부자리에 책을 가지고 들어가는 방법을 추천한다. 잠시 따스한 물에 몸을 담그며 쉬다 책을 가지고 이부자리로 들어간다. 책을 읽다 졸음이 오면 스르르 잠이 든다.

당연한 이야기지만 야행성인 사람은 아침에 늦잠을 자기 때문에 밤늦게까지 잠이 오지 않는다. 그래서 밤을 새거나 늦게 잠이 들어 다음 날도 늦잠을 자는 악순환이 되풀이된다.

"일찍 일어나면 일찍 잘 수 있다."

"졸음이 오면 재깍재깍 잠자리에 들어간다."

초등학생도 아는 간단한 원칙만 지키면 누구나 아침형 인간으로 거듭날 수 있다.

 Morning Point

----

'일찍 일어난다' → '졸음이 오면
바로 잔다'를 습관화한다.

초등학생에게 배우는 '일찍 일어나는 기술'

 7PM 느긋하게 저녁 식사를 즐긴다

저녁 식사는
가능한
이른 시간에
한다

 8PM 목욕을 한다

욕조에
몸을 담그고
하루의 피로를
씻어낸다

 9PM 책을 들고 이불 속으로 들어간다

골똘히 생각에
빠지지 말고
몸과 마음의
긴장을 푼다

아기처럼 단잠에 빠지는 '꿈나라 입장 의식'

일본 축구 국가대표 선수로 뛰고 있는 하세베 마코토 선수가 쓴《마음을 다스리고 승리를 가져오는 56 가지 습관 (心を整える。勝利をたぐり寄せるための56の習慣)》에서는 생활 속에서 실천할 수 있는 다양한 마음 다스리기 방법을 제안한다. 그중 하세베 선수가 숙면을 취하기 위해 사용하는 방법을 잠시 살펴보기로 한다.

나는 '잠자기 1시간 전'까지의 시간을 헛되이 쓰지 않으려고 노력한다. '숙면'으로 자신을 데려가는 행동 유형이 확립되어 있으면 큰 대회를 앞두고도 자연스럽게 잠들 수 있다. 월드컵 때 내가 사용한 '잠자기 1시간 전'의 과정을 순서대로 더듬어 보자.

🍀 긴장을 풀어주는 명상 음반이나 잔잔한 클래식 음반을 듣는다

🍀 향을 피운다

🍀 고농도 산소를 마신다

🍀 특제 음료를 마신다

🍀 목덜미에 아로마 오일을 바른다

🍀 귀지를 판다

하세베 선수는 매일 밤 위와 같은 과정을 의식처럼 되풀이했다고 한다. 그의 '잠자기 1시간 전' 의식에는 우리가 참고할 만한 부분이 상당하다. 순서대로 하나하나 따라 해도 좋고, 자신만의 방법(잠자리에 드는 절차)을 고안해 매일 실행해도 좋다.

음악이나 아로마 오일까지 준비하기에는 다소 번거롭다는 생각도 들지만, 다른 책에서도 음악이나 향기를 이용해 숙면을 유도하는 방법이 소개된 걸 보면 확실히 효과가 있는 모양이다.

우리 집 두 아들 녀석의 숙면법과 하세베 선수의 숙면법을 비교해보면 둘 사이에 공통점을 발견할 수 있다. 둘 모두 잠자리에 들기 전 일정하게 조용한 시간을 갖는다는 점이다. 우리는 걸핏하면 이부자리에 들기 전까지 바쁘게 몸을 움직이다 참을 수 없을 정도로 피곤이 몰려오면 그때야 쓰러지듯 곯아떨어지곤 한다. 그러다 보니 텔레비전이나 불을 켜두고 잠들어 어중간한 시간에 잠에서 깬 잠을 설치기 일쑤다.

이제부터 기분 좋게 잠들기 위해 노력과 시간을 투

자하자. 투자한 만큼 숙면을 취할 수 있고, 그 결과 아침에 일찍 일어날 수 있다. 일찍 자고 일찍 일어나는 새나라의 어린이가 우리의 이상이 아니던가.

먼저 평소 지나치게 자신을 바쁘게 몰아치며 생활하지는 않는지 스스로를 돌아보자. 또 앞으로는 여유를 가지고 행동하겠노라고 마음을 다스려야 한다. 잠자리에 들기 전에는 잠들 준비를 하는 시간을 가져야 결과적으로 아침 일찍 일어나 삶의 질을 개선할 수 있다. 마음가짐을 조금만 달리해도 삶을 크게 변화시키는 것이 가능하다.

기분 좋게 잠들기 위한 '절차'!

[A의 절차]

첫째.	둘째.	셋째.
스트레칭을 한다	명상 음악을 듣는다	잠자리에 든다

[B의 절차]

첫째.	둘째.	셋째.
따끈하게 데운 우유를 마신다	향을 피운다	잠자리에 든다

★ '숙면'을 취할 수 있다는 자신감을 얻는다
★ 숙면에 드는 행동 유형을 확립하자!

일어나는 시간을 자유자재로!
'체내 시계' 활용법

앞서 살펴본 방법 이외에도 아침형 인간으로 거듭나는 비결은 다양하다. 이어서 어떻게 하면 정해진 시간에 일어날 수 있는지, 아침형 인간의 비밀에 접근해보기로 한다.

일어나고 싶은 시간을 뇌에 각인시킨다

정해진 시각에 일어나려면 잠들기 전 일어날 시각을 뇌

에 확실하게 각인시켜야 한다. 잠자리에 누워 불을 끄기 전 '내일은 기필코 5시 30분에 일어날 거야!'라고 마음에 암시를 걸자. 말하자면 뇌에 명령을 입력하는 것이다. 머릿속으로 시계를 상상하며 머릿속의 알람시계를 원하는 시간에 맞춘다. 물론 만약을 대비해 현실의 알람시계도 맞춰두면 한결 안심하고 잠자리에 들 수 있다.

실제로 머릿속으로 강하게 암시를 걸고 잠자리에 들면 알람시계가 울리기 전 눈이 번쩍 떠지는 신기한 경험을 하게 될 것이다. 반대로 알람시계에 의지하는 사람은 잠자기 전 자신의 뇌에 내일 일어날 시간을 각인시키지 않는 경우가 많다. 수면 전문의가 아닌 관계로 과학적 근거를 댈 수는 없지만, 어쨌든 잠자리에 들기 전 기상 시각을 의식하면 체내 시계가 작동해 원하는 시간에 우리를 깨워준다고 추측할 수 있다.

예상 수면 시간을 계산해본다

자신에게 암시를 거는 동시에 수면 시간(수면의 길이)을 계산하면 좀 더 수월하게 수면 시간을 조정할 수 있다.

예를 들어 밤 10시에 잠들어 다음 날 새벽 5시에 일어난다고 가정하자. 잠들기 전 '오늘은 7시간을 자고, 내일은 5시에 일어날 거야!'라고 뇌에 명령을 입력한다. 컨디션이 좋지 않거나 피로가 쌓여 잠이 부족한 경우를 제외하면 대부분의 경우 정해진 시각에 일어날 수 있다.

이 방법으로 일찍 일어나는 데 성공하면 아무리 잠이 쏟아져도 정해진 시간이 되면 저절로 눈이 떠지며 잠이 달아나는 것을 경험하게 될 것이다. 저절로 눈이 떠졌을 때는 이불의 달콤한 유혹을 뿌리치고 과감하게 이불을 박차고 일어나야 한다. 일찍 일어났으면 억지로라도 몸을 일으켜야 한다.

처음에는 자석처럼 끌리는 이불의 유혹과 천근만근한 눈꺼풀의 무게에 좀비처럼 비척대겠지만, 딱 30분만 참으면 혈액이 온몸을 순환하며 상쾌한 아침을 맞이할 수 있다.

'5분만 더!'를 웅얼거리다 결국 한 시간이 훌쩍 넘어서야 일어나 허둥댔던 경험은 누구에게나 있을 터이다. 아무리 아침잠의 유혹이 달콤해도 일어나야 할 시간이 되면 벌떡 일어나 몸을 움직여야 한다. 일단 자리에서 일어나는 게 일찍 일어나기의 첫 번째 비결이다. 유난히 아침잠이 많아 애를 먹는 사람은 대개 이 유혹을 극복하지 못하는 경우가 많다.

"일어날 시각과 수면 시간을 각인시키고 눈이 떠지면 아무리 졸려도 자리에서 벌떡 일어나자."

간단하지만 이 방법이 아침형 인간으로 거듭나는 지름길이다.

 Morning Point

일어나는 시각과 수면 시간을 계산해
확실하게 자기 암시를 걸자.

아침이 한결 상쾌해지는 '체내 시계' 활용법

밤 11시

아, 내일은 6시에 일어나야 하는구나.

내일은 6시에 일어나야 하니까 지금부터 7시간은 잘 수 있겠다.

① ②
④ ③

6시

6시야! 어이, 일어나야지!

야호, 6시에 일어났다!

★ 잠자리에 들기 전
다음 날 일어날 시각을 뇌에 각인시킨다

'5분만 더!'를 외치지 말고 '낮잠'을 자라

애써 일찍 일어났으면서 졸음을 이기지 못해 다시 이불 속으로 기어 들어가는 경우가 허다하다. 일명 '5분만 더!'의 유혹이다. 5시에 일어날 작정이었는데 딱 5분만 더 눈을 붙이려다 결국 7시가 넘어서야 헐레벌떡 일어나는 모습이 평범한 우리네의 일상이다.

불안은 우리의 늦잠을 부추기는 요인으로 작용한다. 운 좋게 밤 10시쯤 잠드는 데 성공했다고 치자. 아침 일찍 일어날 생각으로 잠자리에 들었건만, 황당하게도 눈을 뜨니 새벽 3시⋯⋯. 10시에 잠자리에 들었으니 대략 5시간을 잤다. 평균 수면 시간을 감안하면 5시간은 어쩐지 부족하다는 생각이 들지만, 불안을 애써 억누르며 자리에서 일어난다.

새벽 3시에 일어나 조금씩 몸을 움직이다 보면 어느새 불안이 해일처럼 밀려온다. 이대로 깨어 있다가는 밤이 되기도 전에 곯아떨어질지 모른다는 불안 말이다. 그래서 결국 새벽 5시쯤 딱 1시간만 눈을 붙이고 6시에 일어나자는 생각으로 이부자리에 몸을 누인다.

딱 1시간만 잘 생각이었건만, 눈을 뜨면 훤하게 날이 밝은 시간! 머리를 쥐어뜯으며 자신을 탓해봤자 지나간 시간은 돌아오지 않는다.

이번에는 조금 다른 상황을 살펴보자. 5시에 일어날 생각으로 잠자리에 들었는데 눈을 떠보니 새벽 4시. 어차피 5시에 일어날 생각이었으니 1시간은 더 잘 수 있겠다며 다시 이불을 끌어다 덮고 잠에 빠진다.

새벽녘에는 잠들기 전과 달리 뇌가 잠에 취한 상태인지라 5시에 일어나겠다는 각인이 희미해진다. 결국 5시는커녕 7시가 지나서야 허둥지둥 자리에서 일어난다. 말하자면 달콤한 이불의 유혹에 넘어가서 생기는 불상사인 셈이다.

불안으로 인한 늦잠이든 유혹으로 인한 늦잠이든 늦잠은 늦잠일 뿐이다. 늦잠을 피하고 싶다면 잠에서 깨어난 즉시 이불에서 빠져나오는 게 중요하다. 설령 새벽 2시에 눈이 떠진 경우라도 자리를 박차고 일어나야 한다. 이불의 유혹을 뿌리치는 횟수가 늘어날수록 아침에 강한 사람이 될 수 있다. 새벽 2시면 어떻고 3시면 어떠랴. 일단 일어나고 볼 일이다.

하지만 너무 일찍 일어나면 또 다른 곤란한 상황이 발생할 수 있다. 점심 식사 후에 찾아오는 식곤증이라는 복병과의 사투가 우리를 기다린다. 이 복병은 이르면 오전 중에 찾아와 출근하자마자 졸음이 쏟아지는 경우도 있다.

15분의 낮잠으로 뇌를 활성화시킨다

수마를 물리치는 최강의 무기는 '낮잠'이다. 영업 일을 하느라 외근이 잦은 사람은 이동 중의 전철이나 주차장에 세워둔 차 안에서 토막 잠을 청하는 방법을 추천한다. 사무직이라면 점심 식사 후에 잠깐 눈을 붙일 시간을 마련하면 졸음을 효과적으로 극복할 수 있다.

낮잠을 자는 시간은 15분이면 충분하다. 15분 동안 짧고 깊게 잠을 자고 나면 몸과 마음에 활기가 되돌아온다. 덕분에 남은 업무에도 전력을 다할 수 있다.

나는 고3 때부터 낮에 졸음이 오면 15분간 낮잠을 자는 습관을 고수하고 있다. 사회인이 된 후에도 점심 식사 후에 잠시 눈을 붙이는 시간을 갖는다. 회사에서 잠이 쏟아져 도저히 업무에 집중할 수 없을 때는 근무 시간에 살짝 빠져나와 화장실에 몰래 숨어 낮잠을 자기도 했다. 업무 효율을 고려하면 졸린 눈을 비벼가며 억지로 일하기보다 15분이라도 잠깐 눈을 붙이는 게 낫다고 확신한다.

만약 내가 대기업 회장이라면 반드시 회사 안에 '수면실'을 만들 생각이다. 점심을 먹고 나면 솔솔 잠이 오게 마련인지라 사무실 안에 하나둘 꾸벅이는 사람이 나타난다. 그럴 바에야 낮잠을 제도화해 점심 식사 후 반드시 15분 동안 낮잠을 자라고 규칙으로 정해두면 100% 업무 효율이 오르지 않을까?

🖉 Morning Point

**일단 잠에서 깨면 무조건 잠자리를 박차고 일어나라.
부족한 잠은 낮잠으로 보충하면 된다.**

상쾌한 아침을 맞이하는
5가지 습관

지금까지 일찍 자고 일찍 일어나는 방법에 대해 살펴보았다. 이번에는 '기분 좋게 아침을 맞는 법'에 대해 이야기하고자 한다.

내가 아침에 일찍 일어나 하는 일은 대개 다음 5가지로 정해져 있다.

① 화장실에서 용변을 해결하고 물 한 잔을 마신다.

② 세수를 한다. (땀을 많이 흘렸을 때는 샤워를 하기
   도 한다)
③ 베란다로 나가 바깥 공기를 깊숙이 들이마신다.
④ 가볍게 몸을 움직인다. (스트레칭이나 맨손체조를
   한다)
⑤ 묻지도 따지지도 않고 바로 일을 시작한다.

아침에 막 일어났을 때는 아무리 어른이라도 잠투
정을 하는 어린아이로 돌아가게 마련이다. 머리는 멍하
고 몸은 무겁기 때문에 몸을 움직여 적당한 자극을 주
어서 깨어나는 과정이 필요하다.

나는 아침에 일어나면 위와 같은 과정을 거친다.
위의 5가지를 전부 할 때도 있고 일부만 할 때도 있다.
다만 ①과 ②는 빼놓지 않는다.

①은 일종의 수분 보충이다. 잠자는 동안 수분을
섭취하지 못하기 때문에 아침에 일어나면 즉시 수분을
보충할 필요가 있다.

②와 ③은 물과 바깥 공기를 이용한 자극 요법이

다. 찬물이나 선선한 아침 공기는 몸을 깨우는 효과적인 방법이다. 따뜻한 물에 샤워를 하면 교감신경이 자극을 받아 잠에서 깨어나는 데 효과적이다. 나는 찬물로 세수만 해도 어느 정도 정신이 돌아오며 몸이 깨어나는 느낌을 받곤 해 매일 아침 찬물 세수를 빠뜨리지 않는다.

④는 몸을 움직여 몸과 마음을 활성화시키는 방법이다. 아침에 가볍게 몸을 움직이면 몸과 마음이 깨어나는 데 효과적이므로 짧은 시간이라도 스트레칭이나 맨손체조를 하는 게 좋다.

⑤도 의외로 괜찮은 방법이다. 일찍 일어났든 늦잠을 잤든 멍하니 배회하는 시간을 만들지 않고 일단 책상 앞에 앉아 업무를 시작하는 것이다. 내 경우 이제 명백한 습관으로 굳어져 잠에서 깬 지 얼마 지나지 않아 무의식적으로 책상에 앉아 일을 하는 경지에 도달했다. 잠에서 막 깼을 때는 머리가 잘 돌아가지 않아 일이 좀처럼 손에 잡히지 않지만, 조금만 시간이 지나면 몸과 마음이 온전히 잠에서 깨어나 업무를 소화할 수 있다.

아침에 눈을 뜨면 이불 속에서 꼼지락거리지 말고 자리에서 일어나도록 하자. 몸을 움직여 몸과 마음에 자극을 주고 책상에 앉아 일을 시작해야 한다. **사소한 아침 습관에 아침형 인간으로 거듭나는 비밀이 숨어 있다는 사실을 부디 명심하기 바란다.**

늦잠이 체질이라거나 저혈압 때문에 아침 일찍 일어나기 힘들다는 핑계를 대기 전에 일단 내가 말한 5가지 아침 습관을 시험해보자. 기분 좋게 아침을 맞이하는 경험을 하게 되면 이후에는 자발적으로 일찍 일어나는 생활을 즐기게 될 것이다.

Morning Point

**잠자리에서 일어나면
바로 세수를 하거나 가볍게 몸을 움직인다.**

쾌적한 아침을 만드는   5가지 습관

STEP 1
화장실에서
용변을 해결하고
물 한 잔을 마신다

STEP 2
세수를 한다
(땀을 흘렸을 때는 샤워를!)

STEP 3
바깥 공기를 마신다

STEP 4
가볍게 몸을 움직인다

STEP 5
바로 일을 시작한다

뇌는 자는 동안에도 활동한다!
'최적화' 기능을 활용하자

앞에서 숙면을 취하기 위한 하세베 마코토 선수의 방법을 몇 가지 소개했다. 이야기가 잠시 곁길로 새는 느낌도 들지만, 어쨌든 내가 생각하는 '아침에 일찍 일어나기 위해 밤에 해야 할 일'에 대해 좀 더 이야기하려고 한다.

밤에는 '인풋', 아침에는 '아웃풋'으로 문제를 해결한다!

누구에게나 해결하고 싶은 과제와 고민이 있게 마련이다. 문제를 해결한답시고 깨어 있는 시간 내내 머리를 싸매고 고민해도 뾰족한 해결책이 떠오르지 않으면 가슴까지 답답해진다.

그런데 생각만 해도 가슴이 답답해지는 이 난국을 타개할 특효약이 있다. 잠들기 전 고민이나 답을 찾아야 하는 화두를 머릿속에 입력하는 것! 방법은 각자의 자유에 맡기겠다. 종이에 적어도 좋고 머릿속으로 이리저리 생각해봐도 좋다. 문제를 해결하겠다고 끙끙대지말고 고민이나 문제 그 자체를 머릿속에 입력하는 것으로 충분하다.

그러면 다음 날 아침 문제를 해결할 수 있는 실마리가 저절로 튀어나올 때가 있다. 나는 이 방법으로 몇 번이나 문제를 해결한 바 있기에 그 효과를 자부한다.

시험공부를 할 때도 밤에 잠자리에 들기 전 아침에

풀 문제에 관한 지식을 머릿속에 넣어두면 편리하다. 그러면 다음 날 아침 놀라울 정도로 문제가 술술 풀리는 경험을 하게 될 것이다.

이 방법을 응용해 해결하고자 하는 고민을 밤에 '인풋' 하고, 아침에 '아웃풋' 해보자. 기대 이상의 효과를 경험하게 될 것이다. 한 단계 더 응용하면 밤에 책을 읽어두고 아침에 일어나 그 책의 내용을 블로그에 올리는 등으로 무궁무진한 활용이 가능하다.

우리 뇌가 가진
'조각 모음' 기능을 활용한다

역시 과학적인 근거는 설명할 길이 없지만, 아무래도 우리의 뇌에는 입력된 정보를 잠자는 동안 정리하는 기능이 있는 모양이다. 마치 컴퓨터의 디스크 정리와 조각 모음 기능과 비슷하다.

하루 동안 머릿속에 들어온 정보가 수면하는 동안 정리되는 우리 뇌의 기능을 적극적으로 활용하면 산재

한 문제를 해결하는 데 상당한 도움이 된다. 부뚜막의 소금도 집어넣어야 짜다는 말처럼 조물주가 안배해준 우리 뇌의 정리 기능을 놀리지 말고 부지런히 활용해야 우리 뇌도 기뻐하지 않을까? 나는 매일 밤 정보를 입력하고 다음 날 기상해 어제 입력한 정보를 다시 꺼내 생각하는 방식으로 활용한다.

속는 셈치고 한번 시험해보자. 아마 깜짝 놀랄 정도로 다양한 아이디어가 쏟아져 나와 두근거리며 다음 날 아침을 기다리게 될 것이다.

✎ Morning Point

밤에는 '인풋',
아침에는 '아웃풋' 하는 방법은 다양하게 응용 가능하다.

밤에는 '인풋' 아침에는 '아웃풋'으로 문제 해결!

잠자기 전에 정보를 입력한다

문제

고민

숙면을 취한다

뇌는 우리가 자는 동안에도 분주히 정보를 정리한다.

아침에 일어나 답을 생각한다

문제 해결!

일찍 일어나지 못했다고
자책하지 말자

여기까지 이 책을 읽고 열심히 실천한 독자라면 이미 일찍 일어나는 습관이 어느 정도는 몸에 배었으리라 믿는다. 하지만 인간의 몸과 마음은 사람마다 천차만별인지라 모든 사람이 같은 방법으로 성공한다는 보장은 없다. 또 아무리 아침형 인간이라고 해도 1년 365일 일찍 일어나기는 힘든 법이다.

살다 보면 아무리 용을 써도 일찍 일어나지 못하는 경우도 있다. 그렇다고 '남들은 아침에 잘만 일어나는데 아침잠 하나 컨트롤 못하는 나는 한심한 잉여 인간'이라며 자신을 탓할 필요는 없다.

세상은 넓고 늦잠꾸러기는 많다. 수많은 사람들이 내일부터는 꼭 일찍 일어나겠다고 다짐하며 잠자리에 든다. 설사 다음 날 또 늦잠을 자더라도 일찍 일어나겠다는 생각 자체가 기특한 마음가짐이다.

오늘 일찍 일어나지 못했다고 해서 한탄하지 말자. 내일은 내일의 해가 뜬다. 오늘 늦잠을 잤다면 내일부터 일찍 일어나면 그만이다. 개선하고자 하는 마음가짐과 노력만으로 충분하다.

이 책의 제목에 '아침 1시간'이라는 단서를 달기는 했
지만, 죽었다 깨어나도 아침 일찍 일어날 수 없는 사람
이라면 '밤 1시간'이라고 해도 전혀 문제 될 것은 없다.
나는 아침 시간에 효율성이 높은 사람일 뿐, 만약 당신
이 타고난 야행성 인간이라면 굳이 '아침'이라는 단어
에 집착할 필요는 없다.

일찍 일어나지 못한다고 해서 일찍 일어나는 사람
보다 못하다는 의미가 아니다. 아침에 일찍 일어나는
습관도 중요하지만 매일 꾸준히 노력하는 자세가 훨씬
중요하다. 무슨 일이든 '꾸준히' 계속하기만 한다면 아
침 시간을 활용하지 못하는 정도야 얼마든 만회할 수
있다.

스스로가 아침형 인간이 아니라고 깨달았다면 하
루 중 집중할 수 있는 1시간을 정해놓고 그 시간을 활
용해 꾸준히 노력하기 바란다. 하루하루 쌓아가는 노력

이 인생의 꿈과 목표로 다가가는 튼튼한 발판이 되어줄 것이다.

✏ Morning Point

늦잠 좀 잤다고 기죽을 필요는 전혀 없다!

5장

'아침 1시간'에 해야 할 일

어쨌든
'아침 1시간'을 소중히!

이번 장에서는 매일 아침 1시간을 생산적으로 보내기
위한 방법을 살펴보도록 하자.

본론으로 들어가기에 앞서 마음가짐부터 짚어볼
필요가 있는데, 때로는 '매일 1시간씩 꾸준히 노력하고
있으니까 괜찮아. 다 잘될 거야!'라는 단순무식한 사고
방식이 만병통치약으로 작용할 때도 있다. 매일 아침 1
시간씩 꾸준히 노력하면 인생의 꿈과 목표에 한 발짝

더 다가갈 수 있다. 느리지만 묵묵히, 한결같이 실천하는 것만으로 족하다.

사람의 욕심은 끝이 없다. 어려운 과제에 매달려 그 과제를 달성하고 나면 더 어려운 과제에 도전하고자 한다. 마음은 가상하지만 매일 피나는 노력을 기울이는 데는 한계가 있다. 어느 정도 선을 긋지 않으면 한도 끝도 없는 것이다.

스스로 매일 아침 1시간씩 꾸준히 노력하겠다는 약속을 하고, 그것을 축으로 삼아 그 축에서 크게 벗어나지 않는다면 낙담할 일은 없다. 욕심을 버리고 편안한 마음으로 임해야 지치지 않고 끈기를 발휘할 수 있는 법이다.

Ø Morning Point

'아침 1시간'의 노력이면 충분하다.

어쨌든 '아침 1시간'을 소중히!

아침 1시간 노트

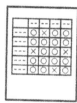

○년 후

꿈·목표 실현

그러므로

매일 꾸준한
실천이 중요

"좋았어!
매일 잘하고 있어."

무리하지 않고
꾸준히 계속할 수 있다

'창조적 활동'으로
남보다 한발 앞서 나간다

어쩌다 보니 아침 1시간을 지켜야 한다고 열변을 토한 셈인데, 그렇다고 나머지 시간에 뒹굴뒹굴 놀아도 좋다는 뜻은 아니다. 하루 1시간의 의무를 다했더라도 모름지기 인간으로서, 사회인으로서 해야 할 일이 있게 마련이다. 이번에는 아침 이외의 시간을 어떻게 보내야할지에 대해 생각해보자.

회사에서 정해진 업무를 해야 하는 사람을 제외하

고, 어느 정도 자유롭게 스케줄을 조정할 수 있는 사람이라면 오전은 창조적 활동을 하기 좋은 시간대다.

기본적으로 주입식 교육을 받고 자란 우리는 정해진 틀 안에서 정답을 찾는 데는 도사지만 창조적 활동에는 영 맥을 못 차린다. 시키는 일은 잘하지만 스스로 생각하고 새로운 개념을 만드는 창조적인 활동에는 젬병인 사람이 많다. 하지만 요즘에는 창조적인 활동을 직업으로 삼아 활발한 활동을 펼치는 이들이 사회적으로 주목받고 성공을 거두는 경향이 뚜렷하다. 예를 들면 소설가나 카피라이터, 작곡가 등이 대표적이다.

'새로운 것'을 만들어내는 사람의 시대

미래의 삶을 내다보면 창조적인 활동의 중요성은 더욱 커진다. 단순 작업을 하는 사람의 월급봉투는 나날이 얇아질 거라고 어렵지 않게 예측할 수 있다. 나와 같은 평범한 사람은 조금이라도 '창조적 활동'을 하는 연습을 해야 살아남을 수 있는 것이다.

나에게는 이 책을 쓰는 작업이 창조적 활동인 셈이다. 글재주라고는 약에 쓰려 해도 찾아볼 수 없었던 내가 없는 재능을 쥐어짜 한 줄 한 줄 글을 써 내려왔다. 덕분에 어느 정도 책이 팔리며 나름대로 인지도라는 게 생겼고, 내가 하는 일에도 보탬이 되고 있다.

'창조적 활동'은 글쓰기 이외에도 다양하다. 새로운 업무 방식을 생각해내고, 매뉴얼을 만들고, 새로운 상품을 고안하는 작업도 모두 '창조적 활동'의 범주에 들어간다.

'창조적 활동'을 하기
가장 좋은 시간대는 언제일까?

'창조적 활동'은 역시 머리가 팽팽 돌아가는 오전 중에 하는 게 정답이다. 오후, 특히 점심 식사 후에는 창조적인 활동을 하려고 해도 머리가 말을 잘 듣지 않는다. 참신한 아이디어는 고사하고 평범한 생각조차 떠오르지 않는 것이다.

나는 지금 이 원고를 오후에 쓰고 있다. 오후 4시 반이니까 점심을 먹은 지 얼추 4시간 이상 경과한 셈이다. 덕분에 식곤증도 어느 정도 달아나 머리가 맑다. 오늘은 실험의 의미를 겸해 일부러 오후 1시쯤 원고를 쓰려고 했지만 역시나 실패했다. 좀처럼 집중이 되지 않아 결국 인터넷을 하며 멍하니 시간을 때우고 말았다.

수없이 많은 시행착오를 거친 사람으로서 말하건대, '창조적인 활동'은 오전에 하는 게 최선이다. 도저히 오전에 시간을 낼 수 없나면 서녁나설처럼 점심을 먹은 지 몇 시간 지난 뒤가 적당하다. 식사 후 바로 창조적인 일을 하겠다는 무모한 도전은 피하는 게 상책이다.

인생을 살며 자신의 미래와 앞으로 할 일을 확실하게 인지하는 경험은 매우 중요하다. 이를 '아침 1시간'을 이용해 매일 꾸준히 실천하고, 만약 아침 1시간으로 다 마치지 못했다면 되도록 오전 시간을 이용해 자신의 미래를 만들어 나가자.

미래에는 새로운 자질,
즉 '창조성'이 주요 화두로 떠오를 것이다.

창조적 활동으로 | 자신을 차별화하자!

| 스스로 생각하기,
새로운
개념 만들기 | **VS** | 주입식
교육 |

창조적 활동이 가능한 사람

[^_^ 고소득]

창조적 활동이 불가능한 사람

[-_- 저소득]

눈꺼풀이 무거워지는 오후에
해야 할 일이 따로 있다?

창조적인 활동과는 반대로 눈꺼풀이 슬슬 무거워지는
오후 시간을 합리적으로 이용하는 방법은 없을까?

단순 작업이나 몸을 움직이는 일을 한다

실수가 용납되지 않는, 고도의 집중력을 요하는 작업은
오후 시간에 하기에는 위험부담이 크다. 따라서 오후에

는 단순하게 반복되는 서류 작업 등이 적당하다.

혹은 밖으로 나가 몸을 움직이는 작업, 예컨대 영업이나 외근이 적합하다. 물론 영업이나 외근 업무를 오전에 해도 아무 문제는 없지만, 집중력을 발휘할 수 있는 오전에 창조적인 활동을 포기하고 밖으로 나가 몸을 움직이는 일을 하는 건 일종의 능력 낭비인 까닭이다.

'오후에 타인을 만나는 행위'에는 의외의 효과가 있다

오후 시간은 깊이 생각하지 않고도 할 수 있는 일을 하는 시간으로 이용하는 게 현명하다.

영업이나 거래처 방문처럼 다른 사람과 만나는 일도 오후 시간에 하는 게 합리적이다. 오전에 부지런히 머리를 써야 하는 일에 집중하거나 창조적인 활동에 골몰하면 의외로 피로가 쌓인다. 실제로 몸을 움직이지는 않았기 때문에 육체적인 피로는 덜하지만 정신적 피로가 상당하다.

따라서 오후에 누군가와 만남을 가질 경우 오전에 쌓인 정신적 피로를 풀 수 있어 일석이조다. 특히 활기찬 사람과 만나면 확실하게 기분 전환을 할 수 있고 에너지도 충전되어 효과적이다.

정신적으로 지친 느낌이 들 때는 퇴근 후 술이나 식사 약속을 잡아보자. 술자리든 식사 약속이든 밤늦게까지 질펀하게 술판을 벌이지 않는다면야 몸과 마음의 피로를 풀어주는 삶의 활력소가 될 것이다. 마음이 맞는 동료와 맛있는 식사를 하며 적당하게 술을 곁들이면 (술을 마시지 못한다면 주스라도) 내일을 살아갈 힘을 얻을 수 있다.

'아침 1시간'과 오전을 이용해 신나게 머리를 쓰고, 오후에는 머리를 거의 쓰지 않는 단순 작업을 하며 기분을 전환하는 방식으로 시간을 활용하자.

**오후 시간은 단순 작업을 하거나
다른 사람을 만나는 시간으로 활용하자.**

오후에 하면 효과적인 2가지 일

 다른 사람과 만난다

누군가와 만나 이야기를 나눔으로써
정신적인 피로를 풀고 기분을 전환한다

 단순 작업 또는 몸을 움직이는 일

머리를 쓰지 않고도 할 수 있는 일을 하자

자신의 가치를 높이는
3가지 습관

앞서 '아침 1시간'과 오전을 제외한 나머지 시간에는 몸을 움직이는 활동으로 기분을 전환하자고 말했다. 하지만 나머지 시간에도 어쨌든 '자신의 가치를 높이는 일'을 하기 위해 최선을 다할 필요가 있다. 여기서 말하는 '자신의 가치를 높이는 행동'이란 말이 조금 애매하다. 구체적으로 무슨 일을 어떻게 해야 자신의 가치를 높일 수 있을까?

세간에는 '돈벌이'나 '매출 향상' 등에 관련된 정보가 차고 넘친다. 물론 물질적인 풍요도 중요하지만 그 이상으로 '맨주먹 정신'도 중요하다. '맨주먹 정신'이란 흔히 영어를 빌려 '헝그리 정신'이라고 표현하는 능력이다. 말하자면 가진 것을 다 잃고 무일푼이 된 후에도 새로운 일을 시작해 오뚝이처럼 다시 일어나는 힘을 일컫는다. 돈을 모으는 방법 이상으로 눈에 보이지 않는 자산 이외의 능력 중 돈으로 바꿀 만한 능력을 차곡차곡 쌓아가는 것이 중요하다. 몇 가지 예를 들어보겠다.

- 힘들 때 손을 내밀어 도와주는 친구
- 지식
- 방문자 충성도가 높은 웹사이트

그 밖에도 다양한 능력이 있겠지만, 한마디로 '지금은 돈이 되지 않지만 만약의 경우에 돈을 벌어다주는 능력'을 말한다. 또는 '눈에 보이는 자산을 날려도 만회할 수 있는 능력'이라고 바꾸어 말할 수 있겠다. 즉, '눈에 보이지는 않지만 가치 있는 자산'을 꾸준히 모아야 한다는 뜻이다. 그것이 '자신의 가치를 높이는 행동'의 요지다.

그렇다면 구체적으로 어떤 일을 해야 할까?

친구 만나기
지식을 얻기 위해 책을 읽거나 공부하기
웹사이트를 꾸준히 갱신해 기반을 만들기

이 정도만으로도 충분하다. 그 밖에 도움이 되는 일은 다양하겠지만 눈에 보이지 않는 자산을 만드는 노력을 '아침 1시간' 이외의 시간에 꾸준히 해나가도록 하자. 물론 '아침 1시간'을 이용해도 상관은 없지만, 시간이 걸리거나 다른 사람과 함께해야 하는 일이 대부분인지라 아침 이외의 시간을 추천한다.

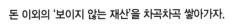

돈 이외의 '보이지 않는 재산'을 차곡차곡 쌓아가자.

자신의 가치를 높이기 위해 해야 할 일

[인맥]

[지식]

[팬]

↓ ↓ ↓

다른 사람을 만나거나
새로운 사람을
소개받는다

책을 읽거나
공부를 한다

블로그나 소셜 네트워크
서비스를 활용해
꾸준히
지지자를 늘려간다

한 시간이라도
빨리 퇴근하는 스피드 업무법

'아침 1시간'을 꾸준히 실천해도 야근하느라 무리를 해서 컨디션이 무너진다면 아무 소용이 없다. 그러므로 조금이라도 일을 빨리 끝내기 위해 내가 직장인 시절 실천했던 3가지 업무의 기술을 소개하고자 한다.

　① 아침 일찍 이메일 확인하기
　② 혼자서 일 도맡아 하지 않기

③ 퇴근 시간을 미리 정해두기

위의 사항들을 하나하나 살펴보자.

①은 아침 일찍 이메일 확인을 마치고 답장이 필요한 메일에 답장을 보낸 다음 업무에 돌입하자는 뜻이다. 메일 확인이야 언제든 할 수 있는 일인데 왜 굳이 아침 일찍 메일을 확인해야 할까? 그 이유에 대해 설명하고자 한다.

- 아침 일찍 메일을 확인하면 '답상을 보낸다 → 메일을 확인한 상대방이 다시 답장을 보낸다'는 무한 루프에 빠지지 않는다.
- 아침 일찍 받은편지함을 비워 일에 집중할 수 있다. (읽지 않은 메일이 없는 상태로 만든다)

나는 답장이 오지 않을까 불안해서 업무에 지장을 줄 정도로 수시로 메일을 확인하는 버릇이 있는 탓에 이 방법으로 상당한 효과를 보았다. 오전 9시가 지나면 받은편지함에 들어오는 메일의 수도 기하급수적으로 늘어나므로 메일 확인은 오전 6시에서 늦어도 8시 전에는 마쳐야 한다.

다음으로 ②는 굳이 자신이 하지 않아도 될 일이라면 다른 사람에게 맡기자는 말이다. 성실하거나 책임감이 강한 사람일수록 혼자서 처리하기 버거울 정도로 많은 일을 떠안는다. 업무 실적이 인사고과에 반영된다는 점을 감안하면 열심히 일하는 모습을 보여주는 것은 중요하다. 하지만 과로로 몸을 혹사시키거나, 굳이 하지 않아도 될 잡무까지 떠맡는 태도는 숲은 보지 못하고 나무만 보는 실수와 다름없다.

마지막으로 살펴볼 ③이 사실 제일 중요한 부분이다. 대부분의 회사원은 일이 끝나면 퇴근하겠다는 생각으로 업무를 처리한다. 하지만 실제로 회사에서 '일이 끝나는 상황'은 없다고 보아도 무방하다. 게다가 야근을 하면 아직 일할 시간이 많다는 착각에 빠져 아무래도 일하는 속도가 늘어지게 마련이다.

자, 오늘부터는 '반드시 정시에 퇴근하겠어!'라고

굳게 다짐하자. 오늘 해야 할 일을 마쳤다면 시계가 퇴근 시간을 가리키는 순간 자리를 털고 일어나야 한다. 하던 일을 끝마치지 못했더라도 내일 해도 상관없는 일이라면 오늘은 칼 퇴근을 하고 내일 출근해서 처리하면 그만이다.

비단 퇴근 시간뿐 아니라 무슨 일에든 '마감'을 정해두는 습관이 중요하다. 회의든 미팅이든 마감 시간을 적절히 활용해보자.

✏ **Morning Point**

**야근을 줄이고 퇴근 시간을 앞당겨
내일의 아침 1시간을 마련하자.**

야근을 피하는   3가지 비결

 메일은 아침 일찍 확인한다

 혼자서 일을 도맡아 하지 않는다

셋 퇴근 시간을 지킨다

수고하셨습니다.
먼저 들어가
보겠습니다~

사무실을
공부방으로 바꾸자

직장인 시절 이야기가 나온 김에 유용한 팁을 한 가지 더 소개할까 한다. '아침 일찍 출근해 사무실을 독서실로 활용하는 방법'이다! 한 번이라도 사무실에서 공부를 해본 사람은 알겠지만, 의외로 사무실은 공부하기에 편리한 장소이다.

사무실에서 공부가 잘되는 이유는 다음의 3가지로 정리할 수 있다.

① 텔레비전과 같은 악마의 유혹이 없다.

② '출근 시간'이 정해져 있어 제한된 시간에 집중력을 최대로 발휘할 수 있다.

③ 비교적 소음이 없는 조용한 환경을 갖추고 있다.

'아침 1시간 노트'에 공부나 독서를 적어놓고 실천하지 못한 날이라면, 조금 일찍 사무실에 나와 공부를 하거나 책을 읽는 방법을 추천한다. (참고로 나는 회의실을 예약해서 공부했다)

공부나 독서가 아니라도 블로그 업데이트 혹은 고객에게 편지 쓰기 등의 일도 얼마든지 사무실에서 처리가능하다. 이처럼 사무실은 일터일 뿐만 아니라 아침 1시간 동안 노력을 쌓는 장소로도 활용할 수 있다.

 Morning Point

사무실을 다목적으로 활용해보자!

6장

'아침 1시간'을
더욱 알차게
활용하기
위한 도구

Gmail의 4가지 기능으로 시간이 늘어난다!

이번 장에서는 아침 1시간과 그 외의 시간을 보다 효과적으로 활용할 수 있는 다양한 도구를 소개하고자 한다. 먼저 내가 애용하고 있는 Gmail에 대해 살펴보자.

Gmail은 구글이 제공하는 인터넷을 기반으로 한 이메일 소프트웨어다. (gmail.google.com) Gmail의 가장 큰 장점은 빠른 속도다. 인터넷을 기반으로 한 이메일 소프트웨어는 대개 용량이 커서 다음 화면으로 넘어가는 데 제법 시간을 잡아먹는다는 선입관이 있지만 Gmail은 다르다.

내가 Gmail에서 주로 이용하는 기능 중 다음 4가지 기능을 중심으로 설명하기로 한다.

① 연동 기능
② 검색 기능
③ 아카이브(보관 처리) 기능
④ 라벨 기능

언제 어디서든
이메일을 확인할 수 있다

먼저 ①의 '연동 기능'에 대한 설명이다.

Gmail에 가입하면 ○○○@gmail.com이라는 계정을 부여한다. (○○○ 부분은 임의로 지정 가능) 이 계정을 이용해 이메일을 주고받을 수도 있지만, 기존의 이메일 계정을 Gmail과 연동시켜 사용할 수도 있다. 예를 들어 ○○○@naver.com이라는 계정을 다른 이메일 소프트웨어(예를 들면 아웃룩 익스프레스)에서 사용한다고 치자. Gmail에서도 이 계정을 그대로 불러와 메일을 읽거나 보낼 수 있다. 이 기능을 제대로 활용하기만 하면 회사 계정으로 들어온 메일을 자신의 휴대전화나 노트북에서도 확인할 수 있다.

넉넉한 용량 덕분에 메일함을 수시로 비울 필요가 없다

이제 ②의 '검색 기능'을 살펴볼 차례다.

Gmail은 7.6GB 이상의 용량을 무료로 제공한다. 이 정도 용량이면 어지간히 큰 첨부 파일이 포함된 이메일도 거뜬히 소화한다. 덕분에 수시로 로그인해 남은 용량을 확인하고 메일을 지우는 수고에서 해방될 수 있다.

폴더를 나누고 폴더 이름을 정해 보낸 사람이나 용도에 따라 받은편지함을 정리하는 작업은 은근히 골치가 아프고 시간을 꽤 잡아먹는 귀찮은 작업이다. 하지만 Gmail을 사용하면 시시콜콜 폴더를 나눌 필요가 없다. 받은 메일이 받은편지함에 모두 저장되기 때문이다.

그중에서 필요한 메일을 찾고 싶다면 '검색 기능'을 활용하면 된다. 검색창에 검색어를 치면 마법처럼 뚝딱 찾고 있는 메일이 검색되는데, 메일 제목이나 본문 내용에 해당하는 특정 검색어를 입력하면 찾고자 하는 메일이 순식간에 나타난다. 예를 들어 사람 이름을 입력하면 그 사람에게 온 메일이나 그 사람의 이름이 들어간 메일이 한꺼번에 표시되는 식이다.

Gmail의 검색 기능은 막강하다. 방대한 데이터베이스 안에서 그 검색어가 포함된 메일을 찾아주는데, 큰 상자에 대충 물건을 넣어두고 필요한 때 손만 뻗으면 그 물건이 손 안에 들어오는 방식과 비슷하다.

받은편지함의 폴더가
말끔하게 정리된다

이제 ③의 '아카이브(보관) 기능'에 대해 살펴보자.

'아카이브'라는 말만 들어서는 어떤 기능인지 감이 잘 잡히지 않겠지만, 알고 보면 매우 편리한 기능이다. 메일을 읽은 뒤 '아카이브' 버튼을 클릭해 '아카이브 폴더'로 보내는데, 일반적인 메일 프로그램에서는 메일을 읽은 뒤 삭제 혹은 특정 폴더로 이동시켜야 한다. 이 작업을 게을리 하면 받은편지함이 꽉 차 금세 주어진 메일 용량을 초과하기 때문이다. 소심한 A형의 전형인 나는 받은편지함이 꽉 차기만 해도 스트레스를 느끼곤 한다.

그래서 읽은 메일이나 답장을 보낸 메일을 바로 '아카이브' 폴더로 보내 말끔하게 정리하기만 해도 속이 다 시원하다. 받은편지함에서는 보이지 않지만 아카이브 폴더에 저장되어 있어 검색 기능을 이용해 필요할 때마다 바로 꺼내 읽을 수 있다.

따라서 받은편지함에 남은 메일은 '처리해야 할 메일'이거나 '답장이 필요한 메일'이라고 정해두면 마음이 한결 가벼워진다. 받은편지함을 깨끗이 비우고 나면 기분까지 말끔해지는 걸 느끼게 될 것이다.

이메일이
자동으로 분류된다

마지막으로 ④의 '라벨 기능'에 대해 설명하기로 한다.

라벨 기능은 받은 메일에 복수의 라벨을 붙여 정리하는 기능이다. 예를 들어 출판사에서 보내온 메일에 '출판 관계'라는 라벨을 붙이면 화면 왼쪽에 '출판 관계'라는 글자가 표시되는데, 그 글자를 클릭하면 '출판 관계'라는 라벨이 붙은 메일을 한꺼번에 볼 수 있다. 기존 메일 서비스의 '폴더' 기능과 유사하지만 같은 메일에 여러 개의 라벨을 붙일 수 있어 기존의 폴더 기능보다 편리하다.

또한 각각의 메일에 일일이 라벨을 붙일 필요 없이 특정인에게 온 메일 혹은 특정 단어를 포함한 제목의 메일에 자동으로 라벨을 붙이는 기능도 있다. 출판사의 담당 편집자에게 온 메일에 '출판 관계'라는 라벨을 붙여두면 나중에 출판 관계 메일을 한꺼번에 읽을 때 '출판 관계'라는 라벨이 자동으로 표시된다. 더불어 자동으로 라벨을 붙이는 기능을 사용하면 '라벨을 붙이는 동시에 받은편지함을 건너뛰어 그대로 아카이브에 저장'하는 것이 가능하다.

기존의 메일들이 제공하는 서비스라도 Gmail은 한층 진화된 서비스를 제공한다.

채팅 기능으로
실시간 대화가 가능하다

메일 기능과는 별개로 Gmail에는 채팅 기능이 있다. 나는 시간이 없을 때나 외근을 나가 있을 때 사무실에 남은 직원과 채팅 기능을 이용해 대화한다. 채팅 기능을 활용하면 메일을 주고받을 필요 없이 실시간 대화가 가능해 업무 연락과 소통에 편리하다. Gmail의 채팅 기능에는 특별한 설정을 하지 않아도 Gmail 계정이 있는 사람과 서로 대화를 나눌 수 있다는 장점이 있다.

이메일 관리에 드는 시간을 획기적으로 단축하는 효과가 있는 Gmail을 여러분에게도 적극 추천한다!

 Morning Point

Gmail의 4가지 기능을 활용해 시간을 절약한다!

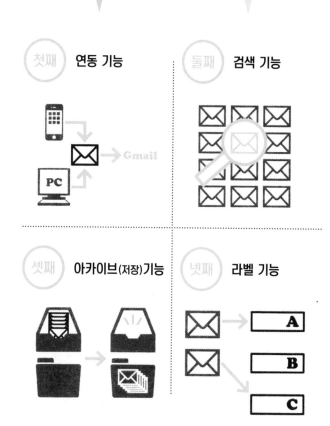

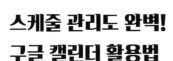

스케줄 관리도 완벽!
구글 캘린더 활용법

Gmail과 찰떡궁합인 스케줄 관리 도구가 바로 '구글 캘린더'이다. 나는 그동안 수첩 등을 사용하며 시행착오를 겪었는데, 지금은 구글 캘린더에 정착했다.

일정 추가 및 관리가 한 번에 가능하다

'구글 캘린더 www.google.com/calendar '는 '일정 추가'와 '관리'

에 최적화되어 있다. 나는 약속이 생기면 바로 구글 캘린더에 일정을 추가한다. 익숙해지면 몇 번의 클릭만으로 간단히 일정을 추가하고 관리할 수 있다.

추가하고자 하는 일정의 날짜와 시간을 선택한 다음 내용을 적기만 하면 스케줄 관리가 끝난다. 나는 일주일 단위의 표로 표시되도록 설정해두었는데, 예를 들어 7월 5일 화요일 오후 2시에 출판사와 미팅이 있는 경우 1~4시(이동 시간을 포함해)까지의 시간대를 클릭해 내용을 적는다. 내용을 적으면 1~4시 사이는 다른 색깔로 표시돼 한눈에 일정을 파악할 수 있다.

구글 캘린더는 '아침 1시간 노트' 대용으로도 활용 가능하다. 아침 6~7시 사이에 매일 같은 일을 한다고 설정할 수 있고, 매일 반복 설정하는 기능도 있다.

인터넷으로 일정 공유가 가능하다

구글 캘린더를 활용해 다른 사람과 일정을 공유할 수 있다. 자신의 일정을 다른 팀원에게 알릴 때 구글 캘린더를 이용하면 편리하다. 일정 공유 기능을 활용하면 가족이나 친구와 캘린더를 공유해 서로의 일정을 확인할 수 있다.

일정 관리도 구글 캘린더 하나면 거뜬하다. 구글 캘린더에는 'To Do' 기능이 포함되어 있는데 'To Do 리스트'를 클릭해 해야 할 일을 적기만 하면 끝! 'To Do 리스트'는 날짜별로 설정할 수 있지만 각기 다른 날짜를 선택해 설정할 수도 있어 매우 편리하다.

'아침 1시간 노트'의 보조 도구로 활용한다

'To Do 리스트'를 '아침 1시간 노트'의 보조 도구로 활용하는 방법도 있다. '아침 1시간' 안에 다 끝내지 못한 일을 리스트에 추가해 그 일을 끝내면 완료 표시를 한다. 하고 싶은 일이나 해야 할 일에 하나하나 완료 표시를 해나갈 때마다 짜릿한 성취감을 느낄 수 있기에 적극 추천한다.

구글 캘린더는 안드로이드폰이나 아이폰 등의 스

마트폰과도 호환성이 좋다. 스마트폰과 컴퓨터를 동기화시키면 언제 어디서든 일정을 추가하고 관리할 수 있다. 참고로 나는 아이폰 애플리케이션인 'calengoo'를 사용한다. 이 애플리케이션을 스마트폰에 설치하면 구글 캘린더와 자동 동기화가 이루어져 편리하다. 굳이 노트북을 들고 다니지 않아도 아이폰 애플리케이션을 이용하면 구글 캘린더를 확인할 수 있다. 스마트폰으로 수정한 정보는 나중에 컴퓨터에서도 확인할 수 있어 일일이 스케줄 수첩을 고쳐 쓰는 수고를 덜어준다.

구글 캘린더를 쓰기 전까지 겪었던 길고 긴 빙황을 끝내고, 당분간은 구글 캘린더의 매력에 흠뻑 빠져 지내겠다고 오늘도 각오를 다진다!

Ø Morning Point

구글 캘린더는 스케줄과 해야 할 일 관리에 안성맞춤!

피가 되고 살이 되는
소셜 네트워크 활용법

인터넷 이야기가 나온 김에 이젠 현대인의 일상이 되어 버린 소셜 네트워크 서비스, 즉 SNS에 대해 짚고 넘어가 볼까 한다.

나는 세무사로 개업하기 얼마 전부터 줄곧 인터넷 '최신 정보'를 공부해 적극적으로 이용해왔다. 사무실 개업을 준비하면서 '블로그'를 개설하고 이메일 매거진 을 발행하기 시작했다. 또한 트위터, 페이스북도 차례로 시작했다. 블로그와 홈페이지를 보고 고객이 되어준 사람들이 대부분일 정도로 나는 SNS의 덕을 톡톡히 보고 있다.

인터넷은 어디까지나
'소통'의 도구일 뿐!

블로그든 홈페이지든 소셜 네트워크든 마찬가지다. 인터넷은 어디까지나 소통의 도구일 뿐 지나치게 빠져들지 말고 스스로 중심을 잡을 줄 알아야 한다. 중요한 것은 사람들에게 전하고자 하는 콘텐츠를 확립하는 것이다.

내 주위에도 24시간 트위터를 붙들고 사는 사람이나 페이스북에 중독된 사람이 제법 눈에 띈다. 얼마 전까지는 인스타그램에 푹 빠져 시도 때도 없이 확인해야 하는 강박증에 시달렸노라고 고백한 친구도 있다.

실제로 페이스북을 하다 보면 이러다 중독에 빠질 것 같다는 생각이 들 때가 있다. 틈날 때마다 페이스북에 들락거려 다른 일을 할 시간이 자연히 줄어들기 때문이다.

① 자신이 가진 콘텐츠와 지식, 캐릭터 등을 확실히 파악한다.
② 자신이 가진 콘텐츠를 알리는 도구로 인터넷을 적절히 활용한다.

위의 순서를 확실히 지킬 필요가 있다. 하지만 요즘에는 순서가 거꾸로 된 사람이 많다. 요컨대 일단 인터넷을 시작한 다음 자신의 캐릭터를 만들어 스스로를 차별화하는 식이다. 모로 가도 서울만 가면 된다는 말도 있지만, 순서가 잘못되면 일을 그르칠 확률이 다분하다. 그래서 나는 먼저 자신의 정체성을 확립한 뒤에 인터넷을 이용해 표현하라고 조언한다.

두루뭉술한 이야기가 되어버렸는데, 어쨌든 정체성 확립을 확실하게 끝낸 뒤 자신에게 맞는 소통의 수단을 찾아야 한다는 뜻이다. 내 경우 페이스북이 가장 흥미롭게 느껴져 우선 동영상 형식으로 페이스북에 세무 관련 콘텐츠를 올리는 방법을 선택했다.

　페이스북에 가입하면 자동으로 '페이스북 페이지'가 생성된다. 페이스북의 '담벼락'은 페이스북에 가입하지 않은 사용자도 실시간으로 볼 수 있어 나는 현재 페이스북의 담벼락 기능을 홈페이지 대신 활용한다. 페이스북은 기능도 충실하지만 전 세계 사람들과 친구가 될 수 있기에 하면 할수록 새록새록 재미를 느낄 수 있다.

　트위터는 글자 수 제한이 있기 때문에 글재주가 없는 사람에게는 진입 장벽이 높은 서비스다. 그래서 나는 인터넷상에서 다른 사람의 의견을 확인하거나 내 생각을 정리하고 싶을 때만 주로 트위터를 이용한다.

　'소셜 미디어 서비스'에 지나치게 빠지지 말고 적절한 소통의 수단으로써 현명하게 활용해야 할 것이다.

🖉 Morning Point

SNS를 시작하기 전 자신의 콘텐츠를 확립하자.

소셜 네트워크 서비스 똑똑하게 이용하기

STEP 1

자신의 지식과 콘텐츠 확립하기

정체성

STEP 2

소통을 위한 적절한 수단 선택하기

뭘로 할까?

블로그

트위터

페이스북

소셜 네트워크 서비스는 어디까지나 소통의 수단일 뿐이다.
자신의 가치 향상이 우선이다!

아이폰, 아이패드를 동기화시켜 언제 어디서든 업무 모드

나는 매일 노트북을 들고 다니는데 거추장스럽기도 하거니와 제법 묵직한 무게 탓에 어깨가 아플 때도 있다. 하지만 밖에서 일을 볼 때는 노트북이 제일 편리해 차마 안 가지고 다닐 수가 없다. 그래도 앞으로는 차츰 아이폰이나 아이패드와 같은 스마트 기기로 대체할 생각이다.

아이폰이나 아이패드를 써본 사람은 알겠지만, 앱스토어에 들어가면 수없이 다양한 애플리케이션이 매일같이 쏟아져 나온다. 애플리케이션 개발로 고소득을 올리는 개인과 회사가 등장하고 있고 앞으로는 경쟁이 한층 더 치열해질 것이기에 사용자들에게 최고의 평가를 받는 애플리케이션만 살아남을 것이다.

최근 컴퓨터와 호환 가능한 애플리케이션도 다양하게 출시되고 있다. 앞으로는 아이패드와 같은 태블릿 PC를 기존의 노트북이나 데스크톱 대신 쓰는 날이 올 가능성도 있다. 자칭 아이패드 마니아인 동료 세무사는 세무사 단체의 모임이 있을 때마다 아이패드를 들고 와 메일을 확인하거나 원고를 쓰는 등의 업무를 처리하곤 한다.

    나는 아직 아이패드를 장만하지 못했지만 조만간

아이패드를 구입해 태블릿 PC에 대해 공부할 생각이다. 태블릿 PC는 노트북보다 저렴해 앞으로는 아예 노트북을 살 필요가 없어질 수도 있다.

스마트폰이나 태블릿 PC를 똑똑하게 이용하면 굳이 사무실을 임대할 필요 없이 자신이 원하는 곳에서 일하는 '노마드 워킹'이 가능하다. 게다가 이동 시간과 같은 자투리 시간을 활용해 일을 처리할 수도 있다.

인터넷 환경은 나날이 발전하고 있다. 앞으로는 사무실을 얻고 꾸미는 데 돈을 쓰지 않아도 업무를 볼 수 있는 환경이 갖추어지리라 믿는다. 우리의 생활을 편리하게 하기 위해 개발된 기술이라면 이용하지 않는 사람만 손해다. 스마트폰이든 태블릿 PC든 부지런히 이용하는 적극적인 사람이 IT 시대의 승자가 될 것이다.

Morning Point

**스마트폰과 태블릿 PC를 활용하면
자유로운 시간을 늘릴 수 있다.**

종이를 없애는
'노마드 워킹'

내가 경영하는 세무사 사무실에는 하루가 멀다 하고 산더미 같은 서류가 쏟아져 나온다. 아마 그대로 내버려두면 사무실 전체를 서류가 점령하게 될 것이다. 그러면 더 넓은 사무실이 필요할 테고 당연히 더 많은 임대료를 지불해야 한다. 자신의 일터에 임대료를 지불하는 경우야 당연하지만, 서류 때문에 임대료를 지불하는 경우는 말 그대로 돈 낭비다.

게다가 쌓인 자료의 양이 많으면 많을수록 찾는 데도 상당한 애를 먹는다. 인쇄나 복사를 할 때마다 번번이 자료를 찾아들고 복사기 앞에서 복사를 하는 과정은 귀찮을뿐더러 적지 않은 시간이 든다.

만약 종이를 없애고 모든 문서를 전자 데이터로 전환한다면 어떨까? 우리 사무실에서도 2010년부터 종이 없는 사무실을 목표로 노력하고 있다. 자주 사용하지 않는 서류는 버리고, 고객 자료 등은 그때그때 스캔해서 전자 데이터로 저장한다. 그 결과 이전보다 훨씬 쾌적한 사무 환경이 갖추어졌다.

종이 더미를 뒤적일 필요 없이 컴퓨터 화면을 보며 키보드만 두드리면 원하는 자료를 찾을 수 있어 번거로운 자료 검색에서 해방되었다. 또한 사용하는 종이의 양이 줄어들어 사무실이 깔끔해졌을 뿐만 아니라 공간을 더욱 넓게 쓸 수 있게 되었다.

여러모로 스트레스가 줄어들어 한결 행복하다. 난잡하게 물건이 이리저리 어질러진 방 안에 있으면 저절로 스트레스가 쌓인다. 애초에 스트레스거리를 만들지 않기 위해서라도 가능한 사용하는 종이의 양을 줄일 필요가 있다. 책상과 컴퓨터만 놓인 다소 썰렁하지만 깔끔한 공간이 내가 생각하는 이상적인 사무실의 모습이다.

종이를 없애면 원하는 자료를 바로바로 찾을 수 있다

각종 서류를 스캔해서 저장하면 사무실 밖에서 일을 처리할 때도 매우 편리하다. 만약 필요한 자료가 종이 상태로 사무실에 있으면 그 자료를 확인하고 싶을 때마다 직원에게 전화를 걸어 자료를 찾아달라고 일일이 부탁해서 확인해야 한다. 전화를 걸고 자료를 확인하고 유선상으로 자료를 읽어주는 일련의 과정을 생각만 해도 골치가 지끈거린다. 반면 서류를 미리 스캔해 웹하드에 저장해두면 노트북에서 자료를 불러와 언제 어디서든 확인할 수 있다.

덕분에 고객을 방문했을 때 문제가 발생하거나 질

문을 받아도 바로바로 대처할 수 있다. 예전에는 "사무실에 들어가서 자료를 확인하고 연락드리겠습니다"라고 응대했지만 지금은 전자 데이터 덕분에 그 자리에서 바로 해결할 수 있다. 신속한 처리와 해결은 고객에게 좋은 인상을 주며 자신을 차별화하는 요소로도 작용한다. 나 역시 고객을 방문한 자리에서 문제가 발생하면 그 자리에서 바로 해결하는 것을 원칙으로 삼고 있다.

이번 장에서는 '아침 1시간 노트'와는 무관한 인터넷과 컴퓨터 이야기를 늘어놓았는데, 문명의 이기를 적절히 활용하면 '아침 1시간'과 나머지 시간을 훨씬 알차게 보낼 수 있다는 취지를 아무쪼록 이해하고 실천하기를 바란다.

종이에서 전자 데이터로!

'종이 없는 사무실' 만들기

[−_− 공간을 차지하는 데다 정리가 만만치 않다]

[◡◡ 공간을 차지하지 않고 언제 어디서나 데이터를 확인할 수 있다]

7장

업종·직종별 추천 '아침 1시간 노트'

'영업직'을 위한
아침 1시간 노트

이번 장에서는 '아침 1시간 노트'의 구체적인 활용 방법에 대해 살펴보자. 직업과 업무의 종류에 따라 조금씩 다른 방법을 제안하고자 한다.

어떤 직종이든 사람마다 각기 다른 목표를 가지고 살아간다. 자신이 영업직이라고 해서 꼭 영업직을 위한 '아침 1시간 노트'를 곧이곧대로 따를 필요는 없다. 무엇보다 개인의 목표가 중요하고, '해야 할 일'보다 '하고 싶은 일'을 우선시하는 인생이 더 행복하기 마련이다. 그 점을 기억하고 어디까지나 하나의 예로 참고하기 바란다.

먼저 영업직 회사원으로 일하는 경우를 살펴보자. 영업 사원이라고 해도 영업의 종류는 각양각색이다. 다만 실적을 올려야 한다는 점은 모든 영업직에 동일하게 적용된다. 따라서 구체적인 숫자를 목표로 그 숫자를 달성하기 위해 무슨 일을 어떻게 해야 하는지 연구해보자.

- 만나고 싶은 사람에게 카드를 보낸다.
- 단골 거래처를 도는 날을 정한다.
- 각 고객에게 적합한 맞춤 영업 방법을 생각한다.
- 고객에게 도움이 되기 위해 필요한 일이 무엇인지 골몰한다.

이 밖에도 실로 다양하겠지만 자신의 미래 목표에 한 발짝 다가갈 수 있는 일을 정해 아침 1시간을 이용하여 꾸준히 실천하자.

물론 영업 사원이라고 해서 실적에만 목숨을 걸어서는 곤란하다. 자기 계발이나 건강 유지에도 신경을 써야 한다.

- 하루 만 보씩 걷는다.
- 영어 듣기 연습을 한다.
- 하루 30분씩 책을 읽는다.

나는 자신의 기초를 닦고 컨디션을 관리하기 위한 일들을 '아침 1시간 노트'에 포함시키라고 제안한다. 내가 열거한 일들을 모조리 집어넣을 필요는 없다. '아침 1시간'을 이용해 소화할 수 있는 분량을 꾸준히 하는 게 최선이다. 지나치게 많은 일을 하려고 덤비면 1시간을 훌쩍 넘기기 일쑤라 작심삼일로 끝날 가능성이 크다.

'아침 1시간 노트'는 하나라도 더 많은 스킬을 익혀 몸값을 올리자는 목적이 아닌, 한 가지라도 매일 꾸준히 실천하는 습관을 기르겠다는 것이 목표이다. 꾸준

히 매일 실천하고 어느 정도 수준에 도달한 일은 노트
의 목록에서 제외하면 된다.

'아침 1시간 노트'에 실적 향상으로
이어지는 일을 기입한다.

아침 1시간 노트 예시: '영업직'

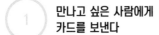

1 만나고 싶은 사람에게 카드를 보낸다

2 단골 거래처를 도는 날을 정한다

3 각 고객에게 적합한 맞춤 영업 방법을 생각한다

4 고객에게 도움이 되기 위해 필요한 일이 무엇인지 골몰한다

'사무직'을 위한
아침 1시간 노트

사무직으로 근무하는 경우에도 영업직과 마찬가지로 자신의 목표를 정하고, 그 목표를 달성하기 위해 매일 해야 할 일을 '아침 1시간 노트'에 기입한다. 대신 사무직의 경우 영업직과 달리 딱 떨어지는 수치로 평가받기 힘든 업무가 대부분인 점을 감안해 '아침 1시간 노트'에 포함할 항목을 정해야 한다.

객관적으로 자신의 능력을 보여주는 지표이기도

한 자격증 취득 등으로 자신의 커리어를 제삼자에게 증명할 방법을 적극 고려해보자.

- 매일 전산회계 문제집의 문제를 한 문제씩 푼다.
- 업무 관련 자격증 시험의 기출문제를 매일 조금씩 푼다.
- 매일 자격증 교재를 열 페이지씩 읽는다.

어쨌든 자격증 시험과 같은 '눈에 보이는 목표'를 달성하기 위한 일을 '아침 1시간 노트'에 포함시키면 삶의 질을 조금이나마 향상시킬 수 있다.

좋아하는 일, 잘하는 일에 집중한다

사무직의 경우 자신이 좋아하는 일과 잘하는 일을 적극 알리는 데 힘써 좋은 평가를 바탕으로 출세 가도를 달리는 방법도 있다.

- 역사 관련 서적을 읽고 공부한다.
- 각종 컴퓨터 능력 시험을 공부한다.
- 매일 다른 기업의 재무제표를 읽는 연습을 한다.

일과 어느 정도 관련성이 있고 자신이 좋아하는 일을 하는 동시에 그 일을 더욱 잘하고자 하는 노력이 뒤따라야 한다. 꾸준한 노력의 결과는 고스란히 스펙으로 남는다는 점을 명심하자.

일을 즐기며
일에서 재미를 찾자

사무직이라고 해서 하루하루 별 탈 없이 주어진 업무를 처리하면 그만이라는 생각은 버려야 한다. 자신이 잘하는 일, 좋아하는 일을 개발해 노력하면 일에도 신바람이 나게 마련이다.

물론 일 이외에도 하고 싶은 일이 있다면 아침 1시간을 이용해 꾸준히 실천해보자. 특히 사무직은 몸을 거의 움직이지 않고 하루 종일 책상 앞에 앉아 있는 시간이 길다는 점을 감안해 아침 '1시간 노트'에 운동을 포함시키는 방안을 추천한다.

Morning Point

좋아하는 일, 잘하는 일에
집중해 자신의 가치를 높이자.

1　매일 전산회계
　　문제집을 푼다

2　자격증
　　시험공부를 한다

3　각 기업의 재무제표
　　읽는 연습을 한다

4　컴퓨터 활용 능력을
　　높인다

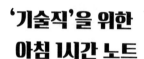

'기술직'을 위한
아침 1시간 노트

기술직 역시 영업직이나 사무직과 크게 다르지 않다. 우선 일을 통한 목표를 정하고, 그 목표를 달성할 수 있도록 매일 아침 1시간씩 꾸준히 노력하자.

업종에 따라 조금씩 다르겠지만 대략 다음과 같은 목표를 생각할 수 있다.

새로운 기술을 익힌다.

업계 전문지를 구독한다.

자격증 시험공부를 한다.

건강을 위해 조깅 등의 운동을 한다.

오늘 하루의 계획을 세운다.

기술직도 사무직과 마찬가지로 온종일 컴퓨터나 관련 기기 앞에 앉아 있다 보니 좀처럼 몸을 움직일 기회가 없다. 한창 나이인 20대에야 상관없지만 30, 40대가 되면 건강관리에 더욱 신경을 써야 한다. 내 몸을 위한 운동을 '아침 1시간 노트'에 포함시키자!

**기술을 향상시키는 공부는 물론
건강관리에도 유의하자.**

① 전문지를 구독한다	② 자격증 시험공부를 한다
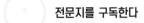 	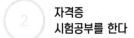 
③ 오늘 하루의 계획을 세운다	④ 건강을 위해 운동을 한다
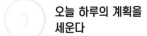 	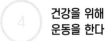 

'자영업자'와 '경영자'를 위한
아침 1시간 노트

자신의 가게를 가진 자영업자나 회사를 경영하는 경영자는 일반 회사원과는 목표가 다를 수밖에 없다. 회사를 키워 매출을 1000억 원까지 늘리고, 직원 수를 천 명까지 늘리고, 회사를 상장시키는 등 원대한 꿈과 목표를 가진 사람도 있을 것이다. 반면 작지만 내실 있는 우량 기업을 만들겠다거나 최소한 가족이 먹고살 만큼만 벌겠다는 등 소박한 목표를 가진 사람도 있으리라.

———

꿈이나 목표는 어디까지나 본인이 스스로 결정할 문제이다. 자신의 목표를 정하고 그 목표를 달성하기 위해 필요한 일을 아침 1시간을 이용해 꾸준히 실천해 가자.

'자영업자' 혹은 '경영자'의 '아침 1시간 노트'에는 다음과 같은 항목을 적어 넣을 수 있다.

- 경영 계획을 수립하고 검토한다.
- 아침마다 1시간씩 1인 경영 회의를 한다.
- 독서(경제, 역사 등)를 하거나 공부를 한다.

경영자 역시 건강관리에 유의해야 한다. 경영자나 사장이 건강상의 이유로 일선에서 물러났다 결국 문을 닫는 회사를 여럿 보았다. 경영자에게는 정년퇴직이 없기에 오래오래 일하기 위해서라도 건강은 매우 중요하다. 그러므로 '아침 1시간 노트'에 반드시 건강관리에 관한 항목 한 가지쯤은 포함시키기를 권한다.

작든 크든 한 회사의 사장이 되면 자금 운용이나

인사관리 등 고민거리가 많을 수밖에 없다. 공원 한 바퀴를 돌며 경영상의 고민에 대한 해법을 찾는 시간으로 아침 1시간을 활용하면 건강과 고민 해결이라는 두 마리 토끼를 한꺼번에 잡을 수 있다.

Morning Point

바쁜 경영자일수록 건강관리에 신경 써야 한다.

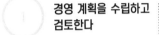

아침 1시간 노트 예시: '자영업자', '경영자'

1 경영 계획을 수립하고 검토한다

2 매출 향상 방안을 연구한다

3 독서(경제, 역사 등)를 하거나 공부를 한다

4 1인 경영 회의

아직 끝이 아니다!
'아침 1시간'으로 할 수 있는 일

지금까지 직업과 업종별로 '아침 1시간 노트'의 예시를 살펴보았는데, 어디까지나 하나의 대안일 뿐 100% 따라야 할 모범답안은 아니다. 자신만의 '아침 1시간'을 매일 알차게 보내는 습관이 중요하다. 생각나는 대로 몇 가지를 나열해보면 다음과 같다.

아침 1시간 산책

- 아침 1시간 명상으로 마음 다스리기
- 아침 1시간 동안 아무 생각도 하지 않고 마음을 비우기
- 아침 1시간 입욕
- 아침 1시간 조깅과 스트레칭
- 아침 1시간 일기 쓰기
- 아침 1시간 신문 읽기

머릿속에 떠오르는 대로 적다 보니 서로 연관이 없어 보이는 일들을 줄줄이 늘어놓은 듯하지만, 어쨌든 아침 1시간에 할 수 있는 일의 종류는 무궁무진하다.

꿈과 목표로 이어지는 일이라면 무엇이든 상관없다

'아침 1시간 노트로 인생을 바꾸자'고 하면 아무래도 이것저것 욕심을 내어 노트를 빼곡하게 메우려는 유혹을 떨쳐내기 어렵다. 하지만 자신의 꿈이나 목표를 실

현할 수 있는, 혹은 꿈이나 목표로 이어지는 일이라면 무엇이든 상관없다.

우리는 꿈과 목표를 생각할 때조차 '남의 눈'을 신경 쓴다. 그래서 꿈이나 목표를 묻는 질문에 한결같이 남보다 부자가 되고 싶다거나 남보다 더 나은 성과를 내고 싶다고 대답하는 사람들이 많다. 우리는 '남'을 의식하고 남과 비교하지 않고는 목표를 세우지도 꿈을 꾸지도 못하도록 단단히 세뇌되었는지 모른다.

하지만 얼마만큼의 돈이 있어야 부자라고 할 수 있는지 물으면 딱 부러지게 대답하는 사람이 없다. 1억 원이 있으면 충분히 부자라고 할 수 있다는 사람이 있는가 하면, 1억 원이 있어도 만족할 수 없다는 사람도 있다.

타인과 비교하는 목표는 세우지 않는다

다른 사람과 비교하거나 남의 눈을 의식한 목표는 진정

한 목표가 아니다. 그보다 자신이 만족할 수 있는 수준을 정해 그것에 도달하는 것을 목표로 삼는 게 최선이다. 참된 목표를 찾으면 자연스럽게 '아침 1시간'을 즐기며 충실한 인생을 살 수 있다.

아침
1시간
노트

8장

'아침 1시간 노트' 만들기

노트 작성 ①
큰 주제를 정한다

드디어 실전이다! 이번 장에서는 직접 '아침 1시간 노트'를 작성해 인생을 변화시키기 위한 버팀목을 만들어보기로 한다. 소개되는 순서에 따라 차근차근 노트를 만들어가자.

먼저 '아침 1시간 노트'로 이루고 싶은 목표를 정해야 하는데, 목표 수립보다 먼저 해야 할 일이 있다. 바로 큰 '주제' 정하기다. '주제'란 목표보다 큰 상위의 개념이다. 예를 들면 '건강', '가족', '돈', '일' 등이다. 이 주제를 축으로 자신이 실현하고 싶은 목표를 생각해보자.

✏️ Morning Point

건강, 가족, 돈 등의 주제 중
실현하고 싶은 주제를 선택한다.

'아침 1시간 노트'의 3대 주제란?

첫째

건강

둘째

가족

셋째

돈(일)

3대 주제를 축으로 세부 목표를 설정하자!

노트 작성 ②
주제별로 목표를 정한다

주제를 정했으면 이제 목표를 설정할 차례다. 예를 들어 '건강'이라는 주제를 정했다면 다음과 같은 목표를 세울 수 있다.

- 1년 후 몸무게가 70킬로그램이 되도록 감량한다.
- 매달 100킬로미터씩 달린다.

목표는 가능한 '숫자'를 사용해 설정해야 효과적이다. 구체적인 수치가 있어야 목표를 세우기 쉽고 '아침 1시간 노트'에도 적용할 수 있다. 애매한 목표로는 매일 아침 1시간씩 해야 할 일을 정하는 데 애를 먹는다. 따라서 반드시 구체적인 수치를 목표 안에 포함시킬 필요가 있다. 반대로 구체적인 수치가 없는 목표는 아침마다 1시간씩 꾸준히 실천해도 달성하기 어렵다.

또한 목표는 현실과 동떨어진 숫자보다 조금만 노력하면 실현 가능한 현실적인 수치를 설정하는 게 바람직하다. 만약 현재 몸무게가 80킬로그램이라면 1년 후 60킬로그램이 되도록 무려 20킬로그램을 줄인다는 목표는 무모하며 건강에도 해를 끼칠 우려가 있다. 지나치게 높은 목표는 매일 아침 1시간씩 꾸준히 노력한다 해도 달성하지 못할 가능성이 높다.

목표의 수는 하나의 주제마다 두 개 정도가 적당하다. 주제가 세 개라면 각각의 주제마다 두 개씩의 목표를 정하자. 그 정도 숫자라면 1시간을 기준으로 각 목표마다 10분씩 할당할 수 있다. 아침 1시간에 해야 할 일의 가짓수가 너무 많아지면 한 가지 일에 쏠 시간이 점점 줄어든다. 무리하지 않는 범위 안에서 목표를 정하고 지나치게 여러 개의 목표를 세우지 않도록 주의하자.

Morning Point

각 주제마다 2가지의 목표를 정하자.

노트 작성 ③
'해야 할 일'을 정한다

바야흐로 '아침 1시간을 이용해 꾸준히 할 일'을 결정하는 단계에 접어들었다. 각자가 정한 목표마다 가능하면 한 가지씩, 아침 1시간을 이용해 할 일을 정해보자.

예를 들어 다이어트를 결심하고 1년에 6킬로그램을 감량하겠다는 목표를 세웠다고 가정할 경우 일반적으로 '한 달에 500그램씩 살을 빼겠다'는 목표를 세우는 경향이 있다. 그 수치를 30일로 나누면 '하루에 약

20그램씩 감량하겠다'는 계산이 나온다. 하지만 목표라는 것은 마음처럼 쉽게 풀려주지 않는 법이다. 목표를 달성하는 방법은 크게 다음의 2가지로 나눌 수 있다.

목표를 달성하기 위한
2가지 방법

① 짧은 기간을 정해 목표를 단숨에 달성하고 그 후에는 유지와 안정에 집중하는 유형

② 처음에는 느림보 거북이 속도로 더디게 나가다가 일정 시점을 지나면 가속도를 내어 목표를 달성하는 유형

'다이어트'는 대개 ①번 유형에 해당한다. 초반에 바짝 몸무게를 줄이고, 후반에는 감량한 몸무게를 유지해야 성공률이 높다.

반대로 자격증 시험 등의 공부는 ②번 유형에 해당한다. 처음에는 조금씩 익숙해지다가 어느 순간 역치를

넘는 시점에서 급속히 실력이 향상된다.

각자의 기준으로 각각의 목표의 특성을 감안해 매달, 매일 꾸준히 할 일을 생각해보자.

이야기를 다시 다이어트로 돌려보면, '1년에 6킬로그램을 감량하겠다 → 초반 석 달 안에 감량 목표를 달성한다 → 나머지 9개월은 유지에 주력한다'는 목표가 현실적이다. 그러면 초반 석 달에는 한 달에 2킬로그램씩 살을 빼야 한다는 계산이 나온다. 확실한 목표가 정해지면 구체적으로 어떤 행동을 취해야 할지 얼추 가늠할 수 있다.

이어서 ②번 유형에 해당하는 '공부'에 대해 살펴보자.

- 초반에는 좀처럼 눈에 보이는 성과가 나타나지 않는다는 점을 자각해야 한다.
- 꾸준히 할 수 있는 계획을 세운다.

핵심은 딱 두 가지다. ②번 유형의 경우 이유 여하

를 막론하고 매일 꾸준한 실천이 중요하다. 목표를 세워놓고 작심삼일로 끝나는 사람이 태반이 넘으므로 '끈기'를 유지할 수 있다면 남보다 한발 앞서 유리한 고지를 점령할 수 있다.

Morning Point

각각의 목표에 적합한 접근법을 설정해야 한다.

목표 달성을 위한　2가지 접근법

 단기간에 목표를 달성한 후 유지와 안정에 집중한다

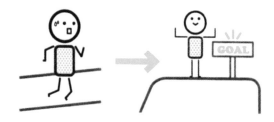

다이어트, 청초, 정리 정돈 등

 좀처럼 눈에 보이는 성과를 내지 못하다가
일정 시점이 지나면 훌쩍 목표에 가까워진다

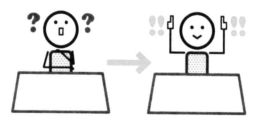

공부 전반, 어학 등

노트 작성 ④
'아침 1시간'을 확보한다

목표를 정하고 목표를 달성하기 위해 아침 1시간 동안 해야 할 일을 정했으면 이제 아침 1시간을 실천하기 위한 하루 일과에 대해 생각할 차례다.

　우선 '아침 1시간'을 어떻게 확보할지 제일 먼저 궁리해야 한다. 나는 '일어나자마자' 실천하는 방법을 추천한다. 앞에서 일찍 일어나는 방법에 대해 설명한 바 있다. 아침에 눈을 뜨면 달콤한 이불의 유혹을 뿌리치고 자리에서 벌떡 일어나 바깥 공기를 마시고 물을 마셔 안팎으로 자극을 준다. 그다음 바로 '아침 1시간'에 돌입하자. 처음에는 졸음이 오더라도 차츰 기분이 상쾌해지며 해야 할 일을 척척 해내는 게 이상적인 '아침 1시간'의 모습이다.

여기까지 책을 읽은 독자라면 일찍 일어나는 방법에 대한 이해는 마쳤으리라 믿는다. 이제 자신의 일과를 검토하고 확실하게 '아침 1시간'을 확보할 수 있는 방안을 생각해볼 차례다.

자신만의
'이상적인 일과'를 만든다

아침 1시간을 확보하기 위해서는 일찍 일어나야 한다. 일찍 일어나려면 일찍 잠자리에 들어야 하고, 일찍 잠자리에 들려면 일찌감치 일을 마무리 짓고 퇴근해야 한다. 눈코 뜰 새 없이 바쁘게 돌아가는 일상에서도 일을 '끝내는 시각'을 확실하게 설정해두어야 한다. 그렇다고 해서 반드시 매일 같은 시간에 일을 끝내라는 말은 아니다. 하루하루 일정을 확인하며 일을 마무리할 시간을 결정하는 것이 그만큼 중요하다는 뜻이다.

그런 의미에서 '아침 1시간 노트'에 '하루 일과 정하기(다음 아침 1시간 전까지)'를 포함시키면 편리하다. 예를 들면 다음과 같다.

9시	출근, 이메일 확인
10시	외근
12시 30분	점심 식사
오후 1시 30분	서류 작업
오후 3시	회의
오후 4시	서류 작업 마무리
저녁 6시	하루 업무 마무리
저녁 7시	귀가, 저녁 식사
저녁 8시	운동, 목욕
밤 9시	독서
밤 10시	취침
다음 날 아침 5시	기상 → 아침 1시간

이와 같이 대충 시간대를 나누어 일정을 정리한다. 1분 1초까지 칼같이 지킬 필요는 없지만 일을 끝내는 시각과 잠자리에 드는 시각은 가능한 지키기 위해 노력해야 한다.

'아침 1시간'은 보다 나은 인생을 위해 지켜야 하는 소중한 약속과도 같다. 중요한 일은 '아침 1시간'을 이용해 실천한다. 아침 1시간을 확보하기 위해 하루 계획을 세우고, 정해진 일과를 차근차근 지켜나가야 한다. 간단하지만 보다 나은 인생을 위해 실천해야 할 가장 중요한 습관이다.

🖉 **Morning Point**

꼼꼼하게 스케줄을 짜 아침 1시간을 확보한다.

노트 작성 ⑤
지금 당장, 노트를 작성한다

마침내 중요한 '아침 1시간 노트'를 작성할 시간이 돌아왔다. 3장에서 이미 살펴보아서 알겠지만 '아침 1시간 노트'를 만드는 방법은 간단하다.

- 노트를 준비한다.
- 가로줄을 긋는다.
- 아침 1시간에 할 일을 세로축에, 날짜를 가로축

에 적는다.
- 항목별로 칸을 나눈다.

간단한 방법으로 직접 만들 수도 있지만 이 책의 부록으로 제공된 노트를 사용하는 방법도 있다.

노트의 종류로는 A4 사이즈의 대학 노트를 추천한다. 노트를 선택하는 데 특별한 제약은 없지만 무늬나 장식 없이 밑줄만 그어진 투박한 대학 노트가 적당하다. 디자인은 촌스럽지만 오히려 내용에 집중할 수 있어 진지하게 노트를 작성할 수 있기 때문이다.

지금 당장
'아침 1시간 노트'를 작성해보자

지금 당장 책을 덮고 (읽던 부분을 표시하는 것은 잊지 말고!) 노트를 구입해 '아침 1시간 노트'를 만들자! 집에 노트가 있다면 따로 구입할 필요는 없다.

쇠뿔도 단김에 빼라는 말처럼 무슨 일이든 바로 시

작하는 것이 중요하다. 나는 당신이 노트를 사 올 때까지 꼼짝 않고 책 속에서 기다리고 있을 테니 마음 푹 놓고 다녀오시기를!

Morning Point

지금 당장 '아침 1시간 노트'를 작성하자!

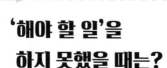

'해야 할 일'을
하지 못했을 때는?

'아침 1시간 노트'를 만들어 실천하기 시작하면 어느 순간 좀처럼 ○ 개수가 늘지 않아 포기하고 싶어지는 고비가 찾아온다. 이때 필요한 것은 묵묵히 계속하는 뚝심이다. 나는 현재 '아침 1시간 노트'에 총 8개의 항목을 만들어 실천 중이다. 8개 항목에 전부 ○를 치는 날은 거의 없다. 대체로 5승 3패나 4승 4패 정도의 승률을 기록하며, 어쩌다 6승 2패의 성적을 낸다. 그러므로 '아침 1시간'을 매일 지키느냐고 묻는다면 엄밀하게 따져 '지키지 못한다'는 게 내 솔직한 대답이다.

'아침 1시간 노트'에 적은 일은 목표를 달성하기 위해, 보다 나은 인생을 만들기 위해 자기 자신과 맺은 약속이다. 하루도 빼놓지 않고 꼬박꼬박 약속을 지킨다면 더할 나위 없겠지만, 설령 100% 지키지 못한다고 해도 마음에 담아둘 필요는 없다. 내일은 내일의 해가 뜨고, 내일도 못하면 모레 실천하면 그만이다. 하겠다는 마음가짐이 중요할 따름이다. 하루하루 ○의 수가 ×보다 많은 것으로 충분하다. 백전백승을 목표로 하지 않아도 이긴 횟수가 진 횟수보다 더 많으면 레벨이 올라가게 마련이다.

못해도 그만! 조급증을 버려라

하지 못한 일을 후회하거나 ×가 많다고 해서 낙담할 필요는 없다. '아침 1시간'이 생각대로 풀리지 않는다고 해서 마음을 졸일 필요도 없다. 시간이 모자라 완료하지 못했다면 항목 수를 줄이고, 한 가지라도 좋으니 매일 꾸준히 계속해 나가도록 노력하자. 설령 목표가 한 가지뿐이거나 '아침 1시간 노트'에 적은 항목이 단 하나뿐이라도 상관없다. 오히려 그 편이 승률을 높여 성공할 가능성이 크다.

✎ Morning Point

한 가지라도 좋으니 꾸준히 계속하는 게 중요하다.

나의
'아침 1시간 노트'

어쩌다 보니 이것저것 주문 사항이 많았다. 그래서인지 그러는 당신은 얼마나 잘하나 보자고 벼르는 독자들의 목소리가 여기까지 들려오는 듯하다. 이제 슬슬 내가 사용하는 '아침 1시간 노트'의 내용을 공개할까 한다.

현재 내 아침 1시간은 다음과 같다. '현재'라는 단서를 붙인 이유는 앞으로 얼마든지 바뀔 가능성이 있기 때문이다. 내용이 바뀌는 편이 성공했다는 증거이므로 자꾸자꾸 바뀌기를 바란다.

- 어린이 야구단 아이들과 야구 연습
- 걷기 운동과 조깅
- 사무실 정리 정돈
- 유스트림에 동영상 업데이트하기
- 페이스북과 블로그 업데이트하기
- 고객과의 약속 확인하기
- 회계장부 기록하기
- 독서

지금은 이런 식으로 나의 아침 1시간을 꾸려가고 있다.

위의 8가지 일을 하겠다고 결심한 이유

각각의 일을 하겠다고 결심한 경위도 함께 밝히고자 한

다. 먼저 내가 제일 처음으로 정한 목표는 다음과 같다.

- 어린이 야구단에서 아이들의 가능성 찾아주기
- 스트레스를 줄이고 건강 유지하기
- 회사(사무실)의 경상이익 늘리기
- 지식 늘리기

본 책에서 세세한 숫자를 공개할 수 없는 관계로 추상적인 목표처럼 보이지만, 실제로는 각각의 목표에 도달하고자 하는 구체적인 수치를 병기했다. 실제로 목표를 세울 때는 가능한 정확한 수치를 활용해 목표를 세우기 바란다.

그 목표를 이루기 위해 해야 할 일이 바로 '아침 1시간 노트'에 적은 항목이다.

어린이 야구단에서 목표를 달성하기 위해 매일 아이들과 연습을 하고, 건강을 위해 걷기 운동과 조깅을 한다. 스트레스를 줄이기 위해 사무실을 청소하고, 매출을 올리고 경상이익을 늘리기 위해 인터넷을 홍보 수단으로 활용하여 고객을 늘리겠다는 생각이다. 또 지식을 늘리기 위해 책을 읽는다는 항목도 추가했다.

물론 이 많은 일들을 아침 1시간 안에 소화하는 건 불가능하다. 그래서 아침 1시간 동안 할 수 있는 일은 최대한 처리하고, 하지 못한 일은 그날 저녁에라도 마무리를 지으려고 노력한다. 독서는 이동 시간이나 대기 시간에 짬짬이 하는 식으로 시간을 배분한다.

꾸준한 노력에는
반드시 보답이 따른다

하나부터 열까지 아침 1시간에 하려는 생각은 금물이다. 나는 매일 꾸준히 실천한다면 스스로가 조금씩이라도 향상된다고 믿는다. 공든 탑은 절대 무너지지 않는다는 말을 믿고 한 발짝, 한 발짝 꾸준히 나아가고 있다.

기본적으로 '매일' 하는 게 좋지만, 매일 해야 한다는 생각 자체가 스트레스가 될 수도 있다. 따라서 스스로와의 약속조차 부담으로 느껴질 때는 아무것도 하지 않고 멍하니 있는 날도 있다. 멍하니 하루를 보내며 기분을 전환하면 다음 날부터 새로운 마음가짐으로 더 나은 방향을 향해 나아갈 수 있다.

당신은 '아침 1시간'을 이용해 무엇을 할 생각인가? 이왕이면 가슴이 설레는 일, 생각만 해도 미소가 절로 나오는 일을 하며 즐거운 시간으로 만들어가자. '아침 1시간'은 당신의 것이다. 무엇을 하든 자유다. 아침 1시간 동안 하고 싶은 일을 하며 자신을 향상시키고, 자유롭게 가능성을 넓혀가자는 마음가짐으로 충분하다. 당신의 '아침 1시간'을 힘껏 응원한다!

Morning Point

**좋아하는 일, 하고 싶은 일을 꾸준히,
차근차근 해나가자!**

일찍 일어나 아침 시간을 효율적으로 이용하자는 주장은 15년 전부터 존재해왔다. 당시 직장인이던 나는 이런저런 책을 읽으며 아침 시간의 중요성을 인식하긴 했지만 하나같이 작심삼일로 끝나고 말았다.

몇 번의 실패를 겪으며 내가 아침형 인간이 될 수 없었던 이유에 관해 곰곰이 생각해보았다. 그리고 내린 결론은 당시 내가 접한 책들이 상식적으로 불가능한 행동력과 정신력을 요할 뿐만 아니라 평범한 직장인이 따라 하기 힘든 방법론을 제시했기 때문이라는 것이었다.

하지만 나는 포기하지 않고 아침 시간을 효율적으로 활용하기 위한 시행착오를 거듭하며 나만의 '아침 1시간 노트'를 만들어냈다. '아침 1시간 노트'를 응용해 아침 1시간을 자격증 시험에 투자했고, 보기 좋게 세무사 시험에 합격하며 직장인 생활을 청산했다.

이 책에서 소개하는 방법은 모두 내가 실제로 실천한 것들이다. 즉, 평범하기 그지없는 일반 직장인들도 할 수 있는 일이란 뜻이다.

마지막으로 지면 관계상 본문에 싣지 못했던 에피소드를 이야기하며 이 책을 마무리하고자 한다.

세무사로 독립하며 내가 하루도 빼놓지 않고 해온 일이 있다. 바로 홈페이지와 블로그 업데이트, 이메일 매거진 발행이다. 처음에는 좀처럼 눈에 보이는 성과가 나지 않는 일들이다. 그래서 치밀어 오르는 불안을 이기지 못해 몇 번이나 포기하려 했다. 하지만 오기를 발휘하며 포기하지 않고 꾸준히 계속해냈다.

구글 등의 검색엔진에서 지바 현 세무사라고 검

색어를 입력하면 내 홈페이지가 첫 줄에 뜬다. 광고를 하지 않아도 고객이 알아서 찾아온다.

작은 일이지만 포기하지 않고 끈기를 발휘한 결실은 기대 이상이었다. 본문에서도 살짝 언급했지만 경영자는 물론 비즈니스를 하는 사람들은 다들 '단기적인 큰 성과'를 기대한다. 하루빨리 눈에 보이는 성과를 얻고자 하는 마음은 나도 잘 알지만, 위험한 발상이니 부디 조급증을 버리라고 당부하고 싶다.

'단기간에 얻은 것'은 단기간에 사라지게 마련이다. 반면 '장기간에 차곡차곡 쌓아올린 것'은 자신의 피가 되고 살이 되어 한평생을 함께한다.

이 책을 통해 가장 하고 싶었던 말이 바로 위의 말이다. 어떤 일이라도 상관없다. 평범한 취미든 마니아적인 집착이든 상관없다. 꾸준히 계속하면 당신의 인생은 반드시 바뀐다!

마지막까지 이 책을 읽어준 독자 여러분께 감사드린다. 이 책을 완성하기까지 힘써 주신 모든 분들, 매일 나와 함께 부대끼며 일한 동료들, 특히 가족에게 마음 깊은 곳에서 우러나는 진실한 감사의 마음을 전한다.

있다, 정말로 있다!

구글에도 야후에도 비주류 검색엔진인 '구www.goo. ne.jp'에도 있다! 저자의 후기에 언급된 대로 '지바현'이 라는 지명과 '세무사'라는 단어를 입력하면 제일 위에 저자의 사무실 홈페이지 주소가 뜬다!

홈페이지 주소를 클릭하면 오다가다 길에서 마주 칠 만한 후덕한 인상의 저자 얼굴이 화면 상단을 장식 한다. '딱 회사원 같은 얼굴'이라고 하면 일종의 차별 발 언이 될 수도 있겠지만, 정말로 우리가 출퇴근길 지하

철에서 마주치는 딱 그 얼굴, 여의도나 테헤란로에서 점심시간만 되면 거리를 가득 메우는 넥타이 부대의 한 사람으로 보인다. 믿지 못하겠다면 저자 프로필에 실린 홈페이지 주소를 익스플로러의 주소창에 입력해 직접 확인해보기를!

저자의 진실성을 못 믿었다기보다 못 말리는 호기심 때문에 기어이 몇 개나 되는 검색엔진에서 줄줄이 검색해보고야 말았다. 그리고 '적어도 허튼소리를 하는 사람은 아니구나'라며 혼자서 고개를 끄덕이고 체셔 고양이처럼 이죽이죽 미소를 지었다.

자기 계발서의 본분은 '실천 가능성'에 있다고 믿는다. '아침 1시간 노트'라는 간단한 양식의 종이로 무엇을 이룰 수 있을지를 묻는 독자에게 저자는 확실한 증거를 보여준다. 대한민국에서든 일본에서든 '세무사' 자격증 시험은 결코 합격하기 쉽지 않은 시험이라 들었다. 대학에서 관련 학과를 졸업하고도 단번에 합격하지 못하는 사람도 많은 모양이다. 그런데 저자는 회사 생활을 하면서 떡하니 세무사 시험에 합격했다. 게다가 자신의 경험을 책으로까지 써내 베스트셀러가 되었다. 정말로 멋진 아저씨다!

살짝 어색한 미소를 짓는 사진 속의 저자를 보고, 이 책의 부록으로 실린 '아침 1시간 노트'를 보면 '나도 할 수 있겠다!'라며 두 주먹을 불끈 쥐게 된다. 어떤 실험에서 같은 일을 21일 동안 계속하면 '습관'이 된다고 했다. '아침 1시간 노트'를 21일간 계속하면 무슨 일이든 습관으로 만들 수 있다는 말이다.

새해 결심으로 가장 많은 이들이 꼽는다는 다이어트든, 2위를 차지하는 영어 공부든 상관없다. 회사원이면 어떻고 주부면 어떠랴. 두 아이의 아버지이자 회사원이었던 저자가 해냈다면 우리도 할 수 있다. 집에 굴러다니는 노트든 A4 용지에 줄을 긋든, 아니면 이 책의 부록으로 실린 노트를 사용하든 지금 당장 시작해보자.

조금 늦었지만 새해 그리고 신학기를 맞아 '아침 1시간 노트'로 바라는 꿈과 목표가 이루어지는 멋진 한 해가 되기를 바란다!

아침
1시간
노트

아침 1시간 노트

© 야마모토 노리아키, 2018

1판 1쇄 2018년 3월 10일
  2쇄 2018년 5월 30일
ISBN 979-11-87400-22-6

지은이. 야마모토 노리아키
옮긴이. 서수지
펴낸이. 조윤지
P   R. 유환민
디자인. 섬세한 곰

펴낸곳. 책비
출판등록. 제215-92-69299호
주소. 13591 경기도 성남시 분당구 황새울로 342번길 21 6F
전화. 031-707-3536
팩스. 031-624-3539
이메일. readerb@naver.com
블로그. blog.naver.com/readerb

'책비' 페이스북
www.FB.com/TheReaderPress

책비(TheReaderPress)는 여러분의 기발한 아이디어와 양질의 원고를 설레는 마음으로
기다립니다. 출간을 원하는 원고의 구체적인 기획안과 연락처를 기재해 투고해 주세요.
다양한 아이디어와 실력을 갖춘 필자와 기획자 여러분에게
책비의 문은 언제나 열려 있습니다. readerb@naver.com